岡田彰布 眠れる力を引き出す言葉

「初心貫徹」で生きる80のヒント

追手門学院大学特別顧問
日本スポーツ心理学会会員
児玉光雄

清談社
Publico

岡田彰布　眠れる力を引き出す言葉

「初心貫徹」で生きる80のヒント

はじめに

なぜ、岡田彰布は、どんなときも選手から「最高のパフォーマンス」を引き出せるのか？

2023年11月5日。この日、3勝3敗で最終戦に突入した日本シリーズは、阪神《はんしん》タイガースがオリックス・バファローズを7―1で撃破し、見事38年ぶりの日本一に輝いた。戦い終えたシーズンを振り返りながら、岡田彰布《おかだあきのぶ》監督はこう語っている。

「ずっと応援し続けてくれたファンの思いを胸に、『勝つ』ことだけに意識を集中した1年。ファンのために、そしてタイガースの先輩の、これまでの無念を晴らすことを使命とした。先人が築いてくれた阪神の重みを、いま、若い選手とともに感じている」（『幸せな虎、そらそうよ』）

「岡田の勝利への執念が阪神を日本一に導いた」と私は考えている。シーズン前から「アレ（優勝）」というミッションを高々と掲げて「優勝への渇望」をすべての選手に繰り返し訴えかけたことが彼らの潜在能力を発揮させ、見事、阪神を日本一へと導いたのだ。

岡田の野球哲学はいたってシンプルである。**「与えられたポジションで最高の成果を上げる選手だけがフィールドに立てる」というしくみづくりを構築したことが全選手のやる気を生み出したのだ。**

たしかに岡田はどの局面で、どの選手を起用するかという采配権をがっちり保持しているが、いったん選手をフィールドに送り出すと、あとは選手の自由意思に任される。つまり、バットを振るか振らないかの選択や、どの球種を、どこに投げるかの決断については、すべて選手の意思に委ねられる。

もちろん、このしくみでプレッシャーがかかるのは岡田ではなく選手自身。彼らは必死になって勝利するためのパフォーマンスを発揮しようとするのだ。

岡田のような**一流のリーダーほど、「メンバーの能力はすぐには変わらないが、意識なら一瞬で変えられる」という事実を知っている。**本文でも少し触れているが、その典型例は選手に「選球眼の向上」を訴えたことである。

開幕前に岡田は球団幹部と話し合い、四球（フォアボール）の査定ポイントのアップを取りつけている。これによって選手の意識が一瞬にして変わり、打者は「四球でなんとかして塁に出ること」、そして、投手は「四球を出さないこと」に努めたため、出塁率と防御率が飛躍的に向上した。これこそが阪神をリーグ優勝と日本一に導いた大きな要因である。

本書では、ビジネスの世界でもすぐに使える、リーダーが成果を上げるための「人心掌握術」と「采配術」のノウハウについて、さまざまな心理学実験の結果を交えながら、わかりやすく解説している。組織を成功に導きたいと考えておられるすべてのリーダーの方々に、ぜひご一読いただきたい。

２０２４年１月

追手門《おうてもん》学院大学特別顧問　日本スポーツ心理学会会員
児玉光雄《こだまみつお》

目次

岡田彰布 眠れる力を引き出す言葉
「初心貫徹」で生きる80のヒント

PART 1 岡田流・目標を着実に達成する「采配力」

PART 2 岡田流・夢実現を引き寄せる「見きわめ力」

PART 3 岡田流・最強のチームをつくる「マネジメント力」

PART 4 岡田流・闘争心に火をつける「モチベーション力」

PART 5 岡田流・勝利をたぐり寄せる「逆転の発想力」

PART 6 岡田流・眠れる力を100%引き出す「コーチング力」

PART 7 岡田流・勝負強さを生み出す「先見力」

PART 8 岡田流・人を思いどおりに動かす「リーダーシップ力」

A.R.E.

PART 1

岡田流・目標を着実に達成する「采配力」

01

なぜ、「いいゲーム」を重視したのか？

オリックス強かったです、本当にね、
最後の最後までね、どっちに転ぶかわからないようなね、展開で。
最後はちょっとね、今日はね、
タイガースのいいところとか出たんですけどね。
日本シリーズとしてね、
このプロ野球の最後の締めくくりとしてはね、
本当いいゲームがね、できたんで。本当よかったと思います。

（「日刊スポーツ」２０２３年11月６日）

――２０２３年の日本シリーズ最終戦に勝利したあとに語った言葉

２０２３年11月5日の日本シリーズ第7戦で阪神タイガースはオリックス・バファローズを撃破し、１９８５年以来38年ぶり2度目の日本一に輝いた。３勝３敗、６戦までの得点の合計が23―23のがっぷり四つで、勝負は最終戦にもつれ込む。

打っては四回にシェルドン・ノイジーの３点本塁打、五回に３連続適時打で阪神はオリックスを突き放した。投げては好投の青柳晃洋《あおやぎこうよう》から島本浩也《しまもとひろや》、伊藤将司《いとうまさし》、桐敷拓馬《きりしきたくま》、岩崎優《いわざきすぐる》のスペシャルリレーでオリックス打線を1点に抑えて決着がついた。日本一の監督として、この試合のお立ち台で、こうも語っている。

「甲子園《こうしえん》でもすごいですね、昨日、今日と、最後までこの京《きょう》セラドームもね。本当にもうね、すごい応援をしてもらって選手がね、すごい力になったと思います。なんとか達成できたんでね、この『アレのアレ』をね。（中略）今年1年本当いい形で終われて、これはもうね、ファンの皆さんの声援のおかげと思うんで、本当ありがとうございました」（同右）

岡田には、「甲子園に足しげく通ってくれるファンの後押しがチームを勝利に導く大きな力になっている」という確信がある。だからファンへの感謝の気持ちを大事にするのだ。

それだけでなく、**勝つことこそファンへの最大のプレゼントであること**を、ほかのどのチームの監督より強く自覚していたから、阪神を日本一に導くことができたのだ。

精いっぱいファンへの感謝の気持ちを表そう

02

なぜ、選手起用の「タイミング」を重視したのか？

ちょうど27歳だったんですけど、
前回の日本一は。
長かったですね。
まあ、選手でも日本一を達成できて、
監督でもできて本当に幸せ

（「スポニチアネックス」2023年11月5日）

――2023年の日本シリーズ最終戦に勝利したあとに語った言葉

日本シリーズ最終戦を阪神が勝利し、シリーズのMVP（最高殊勲選手賞）にはシリーズ歴代3位の14安打で勝利に貢献した近本光司《ちかもとこうじ》が選出された。この試合で岡田は先発投手に青柳を抜擢《ばってき》した。青柳は五回二死まで打者19人を散発4安打無失点と見事にオリックス打線を封じ込め、マウンドを降りた。

2023年シーズンは不振によって2カ月間、二軍での調整を余儀なくされた青柳が、なぜ最終戦を任されたのか。じつは岡田は最終戦までもつれ込んだら最後は青柳にマウンドを任せると決断していたという。事実、監督室に青柳を呼んで「シーズンの最初と最後はお前で締めくくる。思い切っていけ！」と激励した。試合後、青柳はこう語っている。

「練習前に監督室に呼ばれました。開幕は青柳で始まったんだから、最後もいい形で終われるように、楽しんで攻めるところは攻めてやれ、と」（同11月6日）

岡田のような一流のリーダーは、ただほめたり、期待したりするだけでなく、それらを発する絶妙のタイミングが来るのを待っている。そして、そのタイミングが来たとき、すかさず「お前にすべて任せた！」という思いをメンバーに伝えるわけである。

ただたんにメンバーをほめるだけでなく、そのタイミングが来るまで我慢強く待つ。この心理法則はリーダーにとって覚えておいていい、現場で使える黄金則である。

メンバーをやる気にさせる「ほめ方の極意」を知っておこう

03

なぜ、「個人の力」を重視したのか？

プレッシャーのある中で先発の村上《むらかみ》投手がいつも通りのピッチングをしてくれた。（中略）6月の交流戦で完封されていてひと回り目は抑えられたが、ふた回り目からみんな工夫《くふう》して攻略し、個人個人が自分の役割を果たしてくれた。

（「NHK NEWS WEB」2023年10月29日）

――2023年の日本シリーズ第1戦に勝利したあとに語った言葉

２０２３年の日本シリーズは18年ぶりにセ・リーグを制した阪神とパ・リーグで見事3連破を果たしたオリックスの59年ぶりの「関西ダービー」が実現した。その第1戦、序盤は最優秀防御率など先発投手の主なタイトル四つを史上初めて3年連続で獲得したオリックスの山本由伸《やまもとよしのぶ》と初の最優秀防御率のタイトルを獲得した村上頌樹《しょうき》の投げ合いになった。

0—0で迎えた五回裏、先頭の佐藤輝明《さとうてるあき》のヒットを皮切りに打線が爆発し、一挙4点を奪う。続く六回にも八番木浪聖也《きなみせいや》のヒットなどで3点を奪い、山本を六回途中でマウンドから降ろし、8—0で圧勝。

岡田の言葉にもあるように、**個人個人が工夫して自分の役割を果たすチームは強い。**リーダーの重要な役割のひとつは、それぞれのメンバーの存在感を際立たせること。

このことに関してドイツの心理学者マクシミリアン・リンゲルマンが興味ある実験をしている。彼は被験者に綱引きをさせた。まず二人の人間に綱引きをさせると、ひとりあたり63キロの力を発揮できた。次に二人ずつ4人で引かせると、53キロに減少した。そして、4人ずつ8人で引かせると、なんと39キロまで減少したのだ。彼はこの現象を「グループ内手抜き」と名づけた。**一人ひとりのメンバーの役割を明確にして全力を尽くす**ことを徹底するだけで、メンバーはすごい仕事をしてくれるようになる。

一人ひとりのメンバーの役割を明確にしよう

04

なぜ、「流れ」を重視したのか？

よく勝負事には「流れ」が重要と言われる。
実際には、その流れは目に見えないものだが、
この無形の条件が勝敗を大きく左右することを
嫌というほど経験してきた。
しょうもないミスを起こせば、
取り込んでいた流れを、手放してしまう。
勝負事のあるあるで、だからミス、失策は怖いのだ。

（『幸せな虎、そらそうよ』）

――ミスを最少にすることの大切さについて語った言葉

ここで簡単に日本シリーズ第3戦を振り返ってみよう。試合はオリックスが1点を追う四回、四番頓宮《とんぐう》裕真《ゆうま》のこのシリーズで両チーム初めてとなるソロ本塁打で同点に追いつく。さらに続く五回には八番廣岡《ひろおか》大志《たいし》の内野ゴロと、このシリーズでまだヒットがなかった二番宗《むね》佑磨《ゆうま》の2点適時二塁打で4対1とリードを広げる。

六回にもオリックスは1点を加えて4点差としたが、七回に3人目で登板した山岡《やまおか》泰輔《たいすけ》に阪神打線が襲いかかって3点を奪い、5対4と1点差に迫る。結局、そのまま阪神はオリックスに押し切られ、対戦成績はオリックスの2勝1敗となった。

しかし、この接戦が阪神に日本シリーズの勝利をもたらしたという岡田の着眼点は、さすがである。**野球にかぎらず、何ごとにも「流れ」というものが存在する。**結果だけで判断するなら素人でもできる。しかし、負けた試合のなかにポジティブな要素を見いだし、次につなげる采配ができるのが、岡田のような一流のリーダーの共通点なのである。

ここで私の「流れ」に関する考え方を披露しよう。ツキはつねに動いている。リーダーとして大事なことは、うまくいかなかったとき、そのなかからポジティブな事柄をピックアップして次に期待すること。**苦境になればなるほど「次は必ずツキが戻ってくる」と信じる**ことができれば、チームは流れを引き寄せ、次の勝利をもぎ取ることができる。

苦境になればなるほど次に期待しよう

05

なぜ、「直感」を重視したのか？

ほとんどぶっつけ本番だったんですけどね。
ここは湯浅《ゆあさ》にかけるしかないと。
湯浅が出てくるとファンの声援でね、
ガラッとムードが変わると思ったんでね。

（「日刊スポーツ」2023年11月2日）

――2023年の日本シリーズ第4戦での湯浅京己《あつき》起用について語った言葉

阪神が日本シリーズを制した大きな分岐点は第4戦にあったと私は考えている。この試合、七回を終えて3―1とリードしていた阪神は七回に桐敷が2失点して同点に追いつかれる。

そして、八回表のオリックスの攻撃でも二死一、三塁のピンチ。そこで岡田はなんと湯浅京己を登板させた。6月15日のオリックス戦で頓宮と杉本《すぎもと》裕《ゆう》太《た》郎《ろう》に一発を浴びて登録抹消になって以来、139日ぶりにマウンドに上がったのだ。

大声援に迎えられた湯浅はオリックスの中川《なかがわ》圭《けい》太《た》を初球149キロのストレートで二飛に仕留めたあと、力強い雄《お》叫《たけ》びを上げ、満員の甲子園を沸き返らせた。

結局、これが九回の大山《おおやま》悠《ゆう》輔《すけ》のサヨナラヒットを呼び込んで大事な試合を制し、2勝2敗の五分としたのだ。

有能なリーダーほど**直感を目いっぱい働かせて置かれた目の前の状況での最良の決断を下すスキル**を身につけている。岡田もその例外ではない。彼は大胆な決断をして、あとはすべてメンバーに託す。

「結果がどうなろうとも、ここはお前に任せた。頼むぞ」と腹をくくることができるリーダーに、メンバーは自発的についていくのである。

置かれた目の前の状況で最良の決断を下そう

06

なぜ、「やりたい野球」を求めなかったのか？

監督をするにあたって
自分がやりたい野球というものはない。
自分のなかにいろいろな引き出しを持ったうえで、
そのときのチームに事情に合わせた野球をする。

（『そら、そうよ』）

――自分がやりたい野球について語った言葉

岡田のような百戦錬磨のリーダーは**与えられた陣容を駆使し、彼らの潜在能力を引き出してチームを勝利に導く戦略**を綿密に練ることができる。

カナダのカルガリー大学の心理学者シェルドン・ゴールドバーグ博士は従業員30人以下の小規模の企業の経営者を調査した。普段から頭のなかでシミュレーションを行って、「こういう局面では、どうすればいいか？」というプランや作戦を練っている人間ほどビジネスで成功しやすいという事実を突き止めている。

日本シリーズの対オリックス戦で最も印象的なゲームのひとつは第4戦を終えて2勝2敗で迎えた第5戦で間違いないだろう。このゲームは七回を終えてオリックスが2―0でリード。その八回に岡田は前日、日本シリーズ初登板の投手として史上初の1球ホールドの記録を打ち立てた湯浅を再びマウンドに送る。

まず、先頭のマーウィン・ゴンザレスを直球で二塁ゴロに打ち取ると、続く紅林《くればやし》弘太《こうた》郎《ろう》と若月《わかつき》健矢《けんや》を連続三振に仕留めて三者凡退。この見事な湯浅の投球が八回裏の阪神の猛攻による逆転勝利を呼び込んだと私は考えている。

岡田のように**四六時中、頭のなかでチームの戦力を最大化させる戦略を練って、そのプランを実行する**ことこそ一流のリーダーの証《あかし》なのである。

チームの戦力を最大化させることを四六時中、思索し続けよう

07

なぜ、「らしい働き」を求めたのか？

1年間みんながね、自分の役割というか、
そういうのをきっちりと守ってね。
まあ、そういう結果がね、
皆さんにね、（中略）素晴らしいね
打撃を見せられたのはね、本当によかったです。はい。

（「日刊スポーツ」2023年11月2日）

――2023年の日本シリーズ第5戦の勝利後にお立ち台で語った言葉

この試合では八回裏に阪神の逆襲が始まった。まずオリックスの二人目山﨑《やまざき》颯一郎《そういちろう》を攻めて近本と森下《もりした》翔太《しょうた》がそれぞれ適時打を放って逆転。さらに大山の適時打が出て阪神は一挙に6点を奪い、6対2で勝利した。

逆転の適時打を打った森下について、岡田は「今日はね、全然ダメな方だったんですけど、最後の最後にね、（中略）センターに打ってとね、みんなから言われて。最後の打席でね、やっとこう3番らしい働きしましたね」（同右）と健闘をたたえた。

あらゆる組織は、ただたんに働くだけのところではなく、成果を上げるところである。岡田が２０２３年に強調した言葉のひとつが**「後ろにつなぐ」**という方針である。つまり、みんなで勝利をつかむためには自分の後ろの選手につなぐことがどれほど大切かをわかりやすく表現している。

極端な話をすると、会社に来て、タイムカードを押して、昼食を食べて、退社時間まで会社にいることを働くと思っている人間は、もはや組織に不要なのである。

リーダーが組織を勝者に導くための具体的な方針を示して、その方針にもとづいてメンバーが実績を上げてお客さんを喜ばせる。２０２３年シーズンの岡田阪神は、そのことの大切さをわかりやすく私たちに示してくれた。

チームを勝利に導く具体的な方針をメンバーに示そう

08

なぜ、「勝負どころ」を見きわめられたのか？

2点目、ああいう感じで入ったからなあ。平田《ひらた》に言うたんよ。『円陣かけえ、気合を入れろ』って。

（「日刊スポーツ」2023年11月3日）

――2023年の日本シリーズ第5戦の七回裏の円陣について語った言葉

甲子園での最終戦となった日本シリーズ第5戦。この試合は四回に阪神先発の大竹《おおたけ》耕太郎《こうたろう》がオリックスのゴンザレスにソロ本塁打を打たれ、1点を先制される。さらに、七回表に、まさかのダブルエラーで2点差とされる。

ここで岡田が動いた。七回裏の攻撃前の勝負どころでシーズンで初めて平田勝男《かつお》ヘッドコーチに円陣を指示し、ナインの闘志に火をつけたのだ。それが八回の一挙6得点に結びついて6−2で勝利し、日本一に王手をかけた。

岡田は基本的には円陣を好まない。なぜなら、**円陣を組むことによって相手チームに「敵は困っている」と思わせてしまう**からだ。シーズン1度目の円陣は6月4日の交流戦の千葉ロッテマリーンズ戦で、五回に今岡真訪《いまおかまこと》打撃コーチが集めたもの。

だから岡田監督自身が円陣の指示をしたのは、これがシーズン初だった。シーズン最後となる可能性が高い本拠地の甲子園で、このままズルズルと負けてオリックスに王手をかけられてしまうことは、どうしても避けたかったのだ。

リーダーなら勝負どころを見きわめ、果敢に号令をかけてメンバーの結束を図る。そうすることによって流れは一気に変わってチームの運命が変わる。これは覚えておいていい心理法則である。

勝負どころでメンバーの結束を図ろう

09

なぜ、「団結心」を生み出せたのか?

7回までね、ちょっとふがいなかったんですけど。最後の最後にね、この1年の集大成というか、1年間やってきた後ろにつなぐ(野球)というかね。みんなで点取れたんでね。最後、本当よかったですね。

(「日刊スポーツ」2023年11月2日)

――2023年の日本シリーズ第5戦の勝利後にお立ち台で語った言葉

日本シリーズ第5戦が阪神とオリックスの運命を分けた大事なゲームだったことは誰の目にも明らかだった。すでにゲームも終盤に差しかかり、意気消沈気味だったチームを平田ヘッドコーチの言葉で奮い立たせたことが七回裏の大量得点に結びついた。

右ページの言葉にもあるように、折に触れて**岡田は「みんな」という言葉を強調する。**「セルフ・モチベーション」は、ときとしてすごいパワーを発揮する。「セルフ・モチベーション」が個の力を増強する原動力なら、「チーム・モチベーション」は団結心を高めて個々のメンバーをより高みに連れていってくれる。

このとき、**一流のリーダーほど「I（私）」ではなく、「We（みんな）」という主語で語りかける。**リーダーが率先して「みんな」という意識を共有することにより、すべてのチームメンバーに団結心が生まれ、これがすごいパワーになることを岡田は知っている。

リーダーがメンバーをどう動かすか。そこに「チーム・モチベーション」が大きな役割を果たすのだ。「後ろにつなぐ野球」というスローガンは、暗に「一人ひとりのメンバーは置き換えがきかない人間である」という岡田の思いを表している。

岡田が「後ろにつなぐ野球」を徹底したことにより、自然にメンバーの心のなかに団結心が自然に生まれ、それが阪神の日本一の大きな要因になったことは論をまたない。

チームの団結心を生み出す秘訣を知っておこう

10

なぜ、故障した選手もベンチに入れたのか？

スパイク、準備しといてくれよ。
お前、次、代走いくぞ。

（「Number Web」2023年11月9日）

――2023年の日本シリーズの第5戦後に梅《うめ》野《の》隆《りゅう》太《た》郎《ろう》に語った言葉

メンバーを幸福にすることだけを考えよう

梅野隆太郎は8月13日の東京ヤクルトスワローズ戦で死球を受けて左尺骨を骨折し、それ以降の出場はかなわなかった。しかし、岡田は梅野を日本シリーズ出場選手資格に登録したのだ。そして、日本シリーズ第5戦で森下の決勝打で勝利したあと、梅野は甲子園のクラブハウスでチームスタッフとともに一軍メンバーを出迎えていた。そこに岡田がやってきてハイタッチを交わしたとき、右ページの言葉を発したのだ。

そして、代走要員の熊谷《くまがい》敬宥《たかひろ》や島田《しまだ》海吏《かいり》がメンバーから外れた第6戦から、岡田はベンチに梅野を入れた。もちろん日本シリーズの試合前練習でも梅野が入念に走塁練習を繰り返したことはいうまでもない。結局、第6戦だけでなく、最終戦もベンチに入ったものの、出番はなかったが、梅野はこう語っている。

「自分の野球人生において、これだけ長期離脱するのは初めて。ましてや、優勝する年にね。つらい思いがあったのは確かです。（中略）個人的には日本シリーズの40人枠に入れるとは思っていませんでした。だから、監督に感謝しかありません」（同右）

岡田のような**一流のリーダーは選手を幸福にさせることだけを考えている**。どこかに梅野を使う機会がないかを探し抜いて、「なんとしても、彼を幸せにしてやりたい」という気持ちが、この言葉に込められている。

A.R.E.

PART 2

岡田流・夢実現を引き寄せる「見きわめ力」

11

なぜ、「完全投球」の投手を降板させたのか？

あれで投げとって結果、打たれて負け（投手に）なってたら、
自信なくしてたかも分からん。（中略）
勝ち負けより、これで自信をつけて
ローテーションで回っていけるという。そのスタート。
あの試合がどうだったかより、
その後（の登板）が大事だったと俺は思うよ

（「東スポＷＥＢ」２０２３年11月29日）

——２０２３年４月12日の巨人《きょじん》戦での村上頌樹の交代について語った言葉

２０２３年11月28日に開催された「NPB AWARD 2023」で、村上は見事にセ・リーグ史上初となるＭＶＰ（最優秀選手）と新人賞を同時受賞。村上がこの栄誉ある賞を獲得した大きな要因は４月12日の読売《よみうり》ジャイアンツ（巨人）戦にあった。

この日、中継ぎ要員として開幕からベンチに入っていた村上が今季初登板。そして、七回まで84球を投じ、打者21人からアウトを奪う〝完全投球〟だったが、岡田は八回一死の打席に代打原口文仁《はらぐちふみひと》を送った。このまさかの代打起用に、東京ドームにはどよめきが起こった。

この岡田の決断には村上への親心があったと私は考えている。七回まで巨人打線を完璧に抑えたという「成功体験」のままで終わらせたいという親心が、のちの村上の大躍進に結びついたのだ。この試合を振り返って、村上はこう語っている。

「抑えられたのが自信になり（その後の試合でも）ああいうふうに投げられれば、抑えられるということが分かった」（同右）

岡田のような一流のリーダーは、**そのメンバーの未来を見通したうえで采配を行使している。**完全試合という大成功より成功体験の積み重ねを優先させた岡田のこの決断が、村上にＭＶＰと新人王という大きなタイトルをプレゼントしたのだ。

メンバーに成功体験を味わわせよう

12

なぜ、選手起用がズバリと当たるのか?

運のいい選手と、そうでない選手はいますよ。
ずっと調子が悪かったのに、
一瞬、推薦したくなるような活躍をしてくれると、
その選手の名前を挙げてしまうし、
逆に、ずっと調子がよかったのに、
たまたまそういう時期に調子が悪くなる選手もいる。(中略)
チャンスは一発でモノにできないとね。

(「週刊ベースボール」2001年2月26日号)

――運のいい選手とそうでない選手について語った言葉

岡田のすごさは**運のいい選手をタイミングよく登用する嗅覚に長《た》けている**こと。たとえば、その好例が2023年8月13日に京セラドーム大阪で行われたヤクルト戦である。この日、腰痛でベンチ入りを外れたノイジーの代わりに急遽《きゅうきょ》抜擢された小野寺《おのでら》暖《だん》が先発出場。阪神は1点を追う三回、一死満塁で打席に出た小野寺がライトに逆転2点適時打を放つ。これが決勝打になって5対3で勝利し、阪神は16年ぶりの10連勝を飾った。

前日の12日に、小野寺は昼間に二軍の試合に出場し、3打数3安打と絶好調。夜は一軍に合流して守備から途中出場したが、延長十一回一死一塁の場面でバッターボックスに立った。

そのときの岡田監督からのサインはバント。ここで小野寺はあっけなくスリーバント失敗に終わった。チームはシーズン12球団最長となる5時間16分の死闘を制してヤクルトにサヨナラ勝ちしたが、小野寺に笑顔はなかった。

そして、13日の試合後、小野寺は「昨日のミスを取り返したい気持ちが大きかったです。チャンスで打つことができてよかったです」と答えた。リベンジの機会をくれた岡田監督の起用に結果で応えたかたちになった。その時々で小野寺のような**運のいい選手を登用する嗅覚**を持っているのが岡田のような一流のリーダーの共通点なのである。

「運のいいリーダー」の仲間入りをしよう

13

なぜ、危険なプレーを絶対に許さなかったのか?

あれをＯＫとしたら、
皆、あの練習をする。
座り込んでボールを捕るよ。

（「スポニチアネックス」２０２３年９月５日）

――抗議が認められなかった試合のあとに語った言葉

2023年シーズン、あの冷静なはずの岡田が鬼のような形相で審判団に抗議したゲームがあった。それは8月18日に敵地横浜《よこはま》スタジアムで行われた横浜DeNAベイスターズ戦での猛抗議である。九回一死一塁で代打糸原健斗《いとはらけんと》の4球目、熊谷が二盗を試みる。送球がやや一塁側に逸《そ》れて遊撃京田陽太《きょうだようた》と激突。一度はセーフと判定されたが、DeNAのリクエストで判定が覆る。責任審判が「二塁ベースで走者と野手が接触しているが、妨害とはいたしません。よってアウト」とコールすると、岡田はベンチから出てゆっくり審判に詰め寄り、ときには激しい口調で「走塁妨害」を強くアピール。しかし、岡田の抗議は認められず、試合も1―2で敗退し、後味の悪いゲームとなった。

しかし、ことはそれだけで収まらなかった。岡田のこの抗議が日本プロ野球機構と12球団による実行委員会を動かし、たとえ不可抗力でも守備が走者に対して完全にベースをふさいだ場合は「ブロッキングベース」としてセーフとする判断基準の変更が決まった。**岡田の「間違っていることは間違っている！」という強い信念が実行委員会を動かしたのだ。**もちろん、これが自軍の選手のケガを案じての抗議であったことは論をまたない。

これこそ、12球団最年長監督としての存在感を、あらためてプロ野球界に知らしめた、忘れることのできない出来事である。

メンバーを守るために果敢に行動を起こそう

14

なぜ、年齢が離れた選手の心をつかんだのか？

9月14日、マジック「1」で臨んだ巨人戦。
ここでオレは感じた。
それはチームの成長だった。（中略）
選手はホンマに「普通」に戦っていた。
こういう局面でも、普通に戦えるようになった……。
これが本当にうれしかった。

（「週刊ベースボールONLINE」2023年9月22日）

――2023年9月14日にセ・リーグ優勝を決めた思いを語った言葉

甲子園でのこの日の対戦相手は巨人。先発才木浩人《さいきひろと》が7イニングを投げ、3安打1失点に巨人打線を抑える。

攻撃では、六回に大山が先制の犠牲打と佐藤輝が2点本塁打をバックスクリーンに打ち込む。七回にも1点を加え、巨人に終盤に3点を取られたものの、石井大智《いしいだいち》、島本のリレーでピンチを脱出して九回は岩崎で締めくくり、4―3で勝利して見事ペナントレースの優勝を飾った。

いまどきの若い選手について、岡田はこんな発言をしている。

「今の選手たちは昔のように〝監督のために〟とか〝この人を男に〟なんて誰も考えてないよ。それは分かっている」（「スポニチアネックス」2023年9月15日）

岡田は「監督の仕事は選手たちの給料を上げること」と言ってはばからない。46項でも触れているが、四球をヒットと同じ貢献度の査定をするようにフロントとかけ合ったのは、その典型例である。

二流のリーダーは「どうしたらメンバーに自分の言うことを聞かせられるか」ということだけを考えている。一方、岡田のような**一流のリーダーはメンバーに「あの監督についていこう！」と思わせる人間力で彼らを引っ張っていくのだ。**

人間力こそ人望のあるリーダーの共通点と知ろう

15

なぜ、「感謝の心」を重視したのか？

感謝。
アレを達成できたのは
選手、コーチ、裏方、
ファンの応援のおかげ
本当にありがとう。

（「スポーツニッポン」２０２３年９月15日付）

――２０２３年９月14日のセ・リーグ優勝後に直筆で記した言葉

岡田ほど選手やコーチはもちろん、**裏方やファンへの感謝の気持ちを忘れないリーダー**を探すのは、とても難しい。

こんなエピソードがある。阪神が日本一に輝いた1985年には当時、選手会長だった岡田は打撃投手やスコアラーといった裏方への心配りも欠かさなかった。シーズン中に食事をおごるだけでなく、オフにはフロントとの昇給交渉に尽力したという。

阪神で25年間スコアラーとしてチームを支えた三宅博《みやけひろし》は、こう語っている。

「ビックリするほどもらったよ。『岡田ありがとう』って言ったもん。優勝旅行でも裏方の家族、両親まで無料招待にしてくれた。他球団のスコアラーに聞いたら、『ワシらは自分1人だけよ。しかも、雑用を手伝えと言われたからV旅行なんて行かなかった。阪神に呼んでほしいわ』って羨ましがられたもん。岡田の交渉力の賜物《たまもの》よ」(「Number Web」2023年11月3日)

「このリーダーは自分のために尽力してくれている」とメンバーが考えることができれば、「このリーダーについていこう」「このチームに貢献しよう」という気持ちになって頑張れるようになる。つまり、岡田のような**一流のリーダーほどチームメンバーへの感謝を大切にすることの測り知れないパワーを熟知しているのだ。**

メンバーへの感謝を大切にするリーダーになろう

16

なぜ、眠っていた戦力を発掘できたのか？

俺はずっと
『ショートは別に打たんでもいい』
って言ってるのに、
木浪聖也は（好調で）
勝手に打ちよる（笑）

（「Number Web」2023年6月1日）

――2023年シーズンに大活躍した木浪聖也について語った言葉

クライマックスシリーズ（CS）のファイナルステージ第2戦。第1戦で勝利して1勝のアドハンテージを加えて2—0とした阪神は先発伊藤将が7イニングを1失点で広島カープ打線を抑え込み、1—1の同点で迎えた九回裏、阪神にチャンスがめぐってきた。二死満塁で迎えた第4打席。「恐怖の八番」木浪は広島の守護神栗林《くりばやし》良吏《りょうじ》に追い込まれながらも持ち前の粘りを見せてカウント1ボール2ストライクからの6球目を弾き返したボールは見事に一、二塁間を抜けてサヨナラ劇を演じた。試合後、岡田は「ずっと1年間、8番で木浪がキーポイントになっていたんだけど。まあ、ここにきてほんと、よく打ちましたよね」（「日刊スポーツ」2023年10月19日）と絶賛した。

岡田の名采配が木浪の2023年シーズンの飛躍を生んだと私は考えている。シーズンを通して木浪は「恐怖の八番」としてチャンスメーカーにもポイントゲッターにもなった。木浪が出塁して九番が送り、一番近本で還《かえ》す。あるいは中軸でつくったチャンスに木浪が応える。私たちはどれほど多くこんな場面を見てきただろうか。

木浪には小幡竜平《おばたりゅうへい》という遊撃のライバルが存在する。事実、開幕から8試合の先発は小幡だった。それだけでなく、**木浪の打撃が疲労によって悪影響を受けると判断すると、岡田は適度に小幡に代えて木浪を休ませた。**これも岡田の名采配なのである。

メンバーのライバル心を刺激して奮い立たせよう

17

なぜ、途中で戦略を一変させたのか？

シーズン中の戦い方を見ていて
相手はフォアボールが一番、
嫌だと感じていた。
最初からどんどんストライクが来るから
振っていってもいいと選手に伝えていた。

（「NHK NEWS WEB」2023年10月21日）

——CSに勝利して日本シリーズ進出を決めたあとに語った言葉

CSファイナルステージ第3戦は4―2で阪神が広島に勝利して、リーグ優勝したチームに与えられるアドバンテージの1勝を含めた対戦成績を4勝0敗とし、9年ぶりの日本シリーズ進出を決めた。

ここで簡単に試合の経過を振り返ってみよう。2―2で迎えた六回裏、四回に続いて坂《さか》本誠志郎《もとせいしろう》が右前に適時打を打って1点勝ち越す。続く七回にも満塁で森下が四球を選んで押し出しの1点を追加。投げては先発大竹が5イニング2失点で試合をつくり、それ以降は継投陣が広島打線を0点に抑え込んで勝利した。

じつは岡田は第1戦、第2戦にそれまでの戦略を大きく転換して積極的に早打ちする戦法に変えた。深謀遠慮こそ岡田のような一流のリーダーの共通点。**相手の手の内を探り、臨機応変に相手の思惑を察知して逆手を取った**から阪神は圧勝したのである。

「孫子《そんし》の兵法」には**「正攻法でうまくいかないときには〝奇策〟を使え！」**という教えがある。とくに勝負がすぐに決まる短期戦では、それが功を奏することが多い。

岡田が孫子の兵法を熟知していたかは知るよしもないが、結局、ファイナルステージで岡田阪神が4勝0敗という圧倒的な強さを見せて勝ち上がった要因が、岡田のしたたかな采配であったことは論をまたない。

孫子の兵法に精通しよう

18

なぜ、「与えられた戦力」で優勝できたのか？

チームとしてどういう野球をすれば機能するのかを考えて、
シーズン通して戦ってきましたし、
現場だけではなく、編成部門やスカウトが毎年積み重ねて
生え抜き中心のチーム作りをしてきた結果が、
日本一という最高の結果に結びついたと思います

（「スポーツ報知」2023年11月14日）

——2023年シーズンの「正力《しょうりき》松《まつ》太《た》郎《ろう》賞」を受賞したあとに語った言葉

2023年シーズンのプロ野球の発展に最も貢献した監督や選手に与えられる「正力松太郎賞」に岡田が選ばれた。阪神としては吉田義男《よしだよしお》（1985年）、星野仙一《ほしのせんいち》（2003年）に続く3人目の受賞である。選考委員である元広島監督の山本浩二《やまもとこうじ》は、こう語っている。

「阪神の岡田監督は、現役時代の豪快なバッティングのイメージがあるが、フォアボールを重視して相手ピッチャーに球数を投げさせて1点差のゲームを勝ちきるなど、内野手出身の監督として1年を通して緻密さを感じる野球をしていた」（「NHK NEWS WEB」2023年11月15日）

2023年の阪神の日本一の大きな要因は岡田の絶妙な采配であることは明らかである。助っ人に頼らない生え抜き中心のチーム編成を重視した選手固定や、四球を安打並みの査定にすることを首脳陣に直訴して査定アップを勝ち取ったことが、大きく勝利に貢献したことは論をまたない。

与えられた戦力を、いかにして目いっぱい駆使してチームを勝利に導くか。あるいは**メンバーの得意と不得意を冷静に判断し、どの局面で誰を起用するか。**リーダーなら、そのことを四六時中、思案し続けなければならない。ここにリーダーである監督の力量が試される。

四六時中、与えられたメンバーのパワーの最大化を思索し続けよう

A.R.E.

PART 3

岡田流・最強のチームをつくる「マネジメント力」

19

なぜ、「イエスマン」で固めなかったのか?

私は組織には必ず、
トップに反論できる人間が必要だと考えている。
バランスよく三位一体《さんみいったい》を保てたとしても、
組織全体が仲良しグループになってしまっては、
現状以上の成績を収めることはできない。
現場の全権を託されている1軍監督とは、
違った角度の野球観を持つ存在が、チーム内にいてほしい。
そうでなければ、一方通行の組織運営になってしまう可能性がある。

(『動くが負け』)

――チームの首脳陣の理想的な編成について語った言葉

側近の存在が、どれほどリーダーとしての力量を左右する要因になるかについて、じっくり考える人間はあまり見当たらない。

岡田のような**一流のリーダーほど自分にない資質を持つ人材を側近に据えることに長けている。**一方、並のリーダーは自分と馬の合う人間だけをそばに置く。岡田は自分と違う意見を持つ側近を置くから、彼らの役割分担を定めてすべてを任せることができる。

一方、仲のいい「イエスマン」しかそばに置かないリーダーは、彼らに権限を委譲しないから、つねに監視し続けなければならない。だから気を休めることができない。

このことについて、リーダーシップの権威ジョン・C・マクスウェルはこう語っている。

「驚くほど才能に恵まれた人を見ると、才能があるから成功したのだと思いがちだが、それは違う。自分一人の力で大きなことをなし遂げられる人などいない。自分一人で成功を勝ち取れる人などいない。（中略）リーダーの能力は、手足となってくれる部下がいてこそ発揮できる。これが『側近の法則』である」（『これからのリーダーが「志すべきこと」を教えよう』三笠書房《みかさしょぼう》）

2023年シーズンの阪神が「日本一」に輝いた大きな要因のひとつは、**岡田の側近たちの貢献**によるものであることは論をまたない。

「側近の法則」を理解しよう

20

なぜ、ヘッドコーチに頭を下げたのか？

俺も現場を離れて、いまの選手を知らんから、いろいろ教えてくれ。

（「Number」2023年5月18日号）

――2023年シーズンにヘッドコーチに就任した平田勝男に話した言葉

２０２３年シーズン、岡田阪神を日本一に導いた大きな要因のひとつはヘッドコーチの平田の存在である。**平田のような有能な参謀を側近に置いて指揮のかなりの部分を任せた**ことが２０２３年シーズンの日本一を引き寄せた。

平田ほど岡田の考えを深く理解している人間は、どこを探してみても、あまり見当たらない。平田は岡田の２歳下であり、１９８１年にドラフト２位で横浜大洋《たいよう》ホエールズ（現・横浜ＤｅＮＡベイスターズ）と阪神の重複指名の結果、クジを引き当てた阪神に入団。１９８３年シーズンから遊撃のレギュラーに定着し、１９８５年シーズンの日本一になったシーズンでは二塁岡田との鉄壁の二遊間コンビで日本一に貢献した。

岡田のような**一流のリーダーほど気心の知れた有能な腹心を置き、全幅の信頼をして権限を委譲する**。それだけでなく、平田のような有能な部下に教えを請う謙虚さを持ち合わせている。40年以上、苦楽をともにしてきた腹心は岡田とのコミュニケーション術についてこう語っている。「『言わなくてもわかる』。あうんの呼吸、じゃないけど、監督の思いを推し量ってね」（同右）

とくに会話を交わすまでもなく、その場、その場で岡田が考えていることがわかっている。すでに平田は岡田の分身なのである。

気心の知れた腹心を置いて全幅の信頼をしよう

21

なぜ、「ポジション変更」に成功したのか？

現役の時から守備が大事だと思ってたよ。
打者はよく打っても3割。
10回のうち、7回失敗するし、
打つ方はそんな期待できん。
対して守備率は10割に近づけるやろ。

（「Number Web」2023年6月1日）

——「守備重視の野球」を志向する理由について語った言葉

適材適所は、あらゆる組織における黄金法則である。岡田のような**一流のリーダーはメンバーの適材適所を重視してチームの力の最大化を実現することだけを考えている。**たとえば遊撃を守っていた中野拓夢《なかのたくむ》を二塁にコンバートしたのも岡田ならではの考えが貫かれている。中野の肩に不安があると察知した岡田が二塁にコンバートしたのだ。

そして、2022年シーズンは控えに回っていた肩に自信のある木浪を遊撃に据えた。結果、この二人の選手の活躍が2023年シーズンの日本一の大きな原動力になったのだ。

第1次岡田阪神でリーグ優勝に貢献した鳥谷敬《とりたにたかし》は、岡田は「選手の逃げ道をなくしてくれる監督」だと語る。この言葉に続けて、鳥谷はこう語っている。

「岡田監督は選手の働き場所を明確にしてくれる。（中略）それは選手目線で見れば、結果を出せなければ自分の責任、という覚悟にもつながるわけです。しかも一度決めたことは貫く。シーズンに入るとケガ人が出るし、不調が長引く選手もいる。言ったことをそのまま実行するのは単純に見えて難しいものですが、岡田監督は決してブレないから、選手たちはやりやすいと思います」（「Number」2023年6月22日号）

リーダーならメンバー一人ひとりの役割をわかりやすく伝え、彼らに精いっぱい期待しよう。そうすれば、メンバーは自発的に組織に貢献するパフォーマンスを発揮してくれる。

徹底して適材適所の原則を貫こう

22

なぜ、「非情」に徹することができたのか？

選手がかわいいのは当たり前。（中略）
いざ勝負となったときに、どうするか。
勝つために、非情にならなアカンときがある。
あんまり、「優しい、優しい」と言われていたら、
そんなときに困るよ。（中略）
力のないものは落ちていく。そういう世界なのだから。

（『金本・阪神　猛虎復活の処方箋』）

――リーダーのあり方について語った言葉

メンバーはリーダーの采配に、ことさら敏感である。だいたいチーム全員の不満を解消することなど、まったく不可能である。不満をなくすという発想を潔く捨て、不満とどうつきあっていくか。そこにリーダーの真価が問われるのだ。

たとえば一部のメンバーを特別扱いした時点でそのリーダーの人望は失墜する。リーダーに求められるのは起用法が一貫しており、かつ好き嫌いを度外視し、その時点で最高の布陣を敷くことである。

リーダーたる者、このことを片時も忘れてはならない。このことに関して元サッカー日本代表監督の岡田武史《おかだたけし》は、こう語っている。

「僕も人間ですから、みんなから「いい人」だと思われたいし、好かれたいですよ。でも、この仕事はそれができない。なぜなら、選手にとっての〝いい人〟〝いい監督〟は、自分を使ってくれる監督です。僕が使えるのは11人しかいないのだから、諦めるほかないでしょう。」(「ダイヤモンドオンライン」2016年10月12日)

たとえメンバーから嫌われても信賞必罰と公平性を最優先させ、その時々で調子のいちばんいいメンバーを使うという鉄則を貫くことができるのが岡田彰布のような一流のリーダーなのである。

信賞必罰と公平性を最優先させよう

23

なぜ、チームを同じ方向に動かせたのか？

怖いのは、一つのチーム方針に基づいて
全員が一つの方向を見ているチームだ。
08年で言えば、広島カープがそれだ。（中略）
勝っている時は、チームは一つにまとまるが、
負けてくると崩れていくものなのだ。
だが、広島だけは、負けていてもヨソを見る選手がいない。
一つの指針が揺るがないのだ。
こういうチームは、本当に要注意である。

（『頑固力』）

——2008年シーズンの広島のすばらしさについて語った言葉

リーダーの重要な役割のひとつはメンバーを同じ方向に向けさせること。その意味で、岡田が掲げた「アレ」は選手全員の心のなかに強烈な印象を与えたはずだ。

もちろん岡田の名采配が2023年シーズンのペナントレース制覇の大きな要因であったことはいうまでもないが、ほかのどのチームより選手に強く優勝を意識させた戦略が優勝を成し遂げた後押しをしたことを忘れてはならない。

リーダーの役割はメンバーの意識をゴールに向けさせ、そこに連れていくこと。本来は、ほうっておけばメンバーはバラバラの方向を向いてしまう。

「働く」という言葉の「働」という字は「人が動く」と書く。ただ動くだけではチームが勝利を手にすることはない。彼らの力を束ねて「メンバーの動き」をゴールの方向に向けさせる。これこそ、リーダーの、ひょっとしたら最重要の任務なのである。

「働」という字は、「人の力を重ねる」とも書く。**人の力を重ねることによって1＋1が3にも4にもなるのだ。**そこにリーダーである監督の手腕が試される。

チームはジグソーパズルに似ている。もちろんメンバーは一つひとつのピースであり、リーダーはパズルを完成させる人である。岡田はゲームというキャンバスのなかに一つひとつのピースを最適な場所に見事に埋め込むことができる名リーダーなのである。

「働」という漢字の意味を見つめ直そう

24

なぜ、コーチに判断を任せたのか？

私は、コーチングスタッフに少なくとも2～3人は、
ほかのチームを知っている人間を
入れておくべきだと思っている。
意見が違ったら、話し合えばいい。
チームが進化するために、その話し合いが大事なのである。

（『そら、そうよ』）

――コーチングスタッフの理想的な編成について語った言葉

岡田のような一流のリーダーは自分が知っていることと知らないことをきっちりわきまえている。2023年シーズンの**阪神には、ほかのチームで飯を食ったコーチ陣が多数を占めていた。**岡田以外の9人の一軍のコーチングスタッフのうち、阪神以外の球団で過ごしたことがないコーチはヘッドコーチの平田、投手コーチの安藤優也《あんどうゆうや》と久保田智之《くぼたともゆき》、バッテリーコーチの嶋田宗彦《しまだむねひこ》の4人だけ。ほかのコーチは他球団で飯を食った経験がある。

つまり、岡田は自分にないものを、ほかのコーチのキャリアによって埋め合わせることの大切さをしっかり認識しているのだ。しかも彼らに最大限の権限委譲をしているから、コーチ陣のモチベーションは自然に高まるのだ。オーストラリアのクイーンズランド大学のグラハム・ブラッドレー博士はホテルのスタッフを対象に以下のような調査を行った。

①**権限委譲グループ**……メンバー全員に自分の任務すべてに関する判断と決定を委譲
②**制限的権限委譲グループ**……メンバー全員にガイドラインに沿った判断と決定を委譲
③**権限委譲なしグループ**……すべての判断と決定に関して上司の指示を仰ぐ。

その結果、**メンバーのモチベーションがいちばん高かったのは「権限委譲グループ」だった。**リーダーなら自分にないノウハウを持っている腹心をそばに置いて彼らに目いっぱい権限を委譲しよう。そうすれば、チームは黙っていても、すごい成果を上げられる。

メンバーに目いっぱい権限委譲しよう

25

なぜ、「プロ意識」を重視したのか？

アマチュアは個人よりチームに、プライオリティを置く。
アマチュアの選手は個々の能力で至らない部分があるので、
それを全員のチームワークで補って、
チームの力を高めないといけない。
しかし、卓越した野球の技術を持つ選手が集まったプロは、
個の力の足し算がチームの力になる。
プロのチームワークは、
仲良しこよしで発揮されるものではないのだ。

（『そら、そうよ』）

――「個の力」の重要性について語った言葉

日本では、まだまだ「チームワーク」という言葉が健在である。しかし、欧米においては、それは少なくともプロの集団では、あまり語られることはない。

欧米では、たとえば急流を渡るときに大人二人が子どもの両腕を支えて渡らせるときにのみ「チームワーク」という言葉が使われる。つまり、この言葉には「弱者救済」のニュアンスが漂っている。

プロフェショナルの世界には弱者は存在しないし、いてはいけない。与えられたポジションで成果を上げることができない人間は退出する運命にあるのだ。これはスポーツ界のみならず、ビジネス界においても、まったく通用する。

プロフェショナルとは「能力が高く、技にすぐれ、(その仕事に)確かさがある人間」と定義できる。もちろん一人ひとりのプロフェショナルの特技は違う。メンバーにチームが「個の力」によって成り立っている以上、リーダーなら一人ひとりが自分の武器を磨くことの大切さを繰り返し唱え続けよう。

リーダーの責務は特技が異なるメンバーを束ねて組織として最大の成果を上げること。岡田のような一流のリーダーは四六時中、24時間、たとえ睡眠中でも、そのことについて思索し続けているのだ。

「チームワーク」の真の意味を理解しよう

26

なぜ、前回監督時に潔く辞任したのか？

ひっくり返されたけど、
お前らは思い切ってやればいい。
責任は誰かが取らなあかん。
俺が辞めたらいいんやから。

（「Number」2023年6月22日号）

――2008年シーズンに逆転優勝を許したことについて語った言葉

岡田のような一流のリーダーは**「チーム内で起こった悪いことは結果も含めて全部、その原因は自分にある」**と考えることができる。チームの成績が上がらないとき、往々にしてリーダーは「メンバーが悪い」「景気が悪い」「儲《もう》からない商品を扱っている」といった外側のよくない要素に責任転嫁してしまう。しかし、それでは何も解決しない。

2004〜2008年の第1次監督時代のなかでも岡田にとって思い出したくないシーズンは最後となった2008年シーズンで間違いないだろう。このシーズンの7月上旬には2位に最大13ゲーム差をつけて首位を独走したものの、終盤に巨人が12連勝と絶好調。そして、10月8日に巨人との直接対決で阪神は敗れて初めて首位陥落すると、10日の横浜戦もゲームを落として優勝を逃してしまう。翌11日の横浜スタジアムで岡田は全ナインを集めて右ページの言葉を選手に向かって語ったのだ。

あの屈辱のシーズンの二の舞いをしないという固い決意が2023年シーズンの日本一を引き寄せたことは論をまたない。

チームによくないことが起こったとき、メンバーを責めるのではなく、「最終責任はすべて監督にある」と考えて潔く出処進退を決断することこそ、岡田のような一流のリーダーの共通点なのである。

「チームの全責任を自分が負うこと」をメンバーに公言しよう

A.R.E.

PART 4

岡田流・闘争心に火をつける「モチベーション力」

27

なぜ、「動くが負け」と考えたのか？

強いチームは、簡単に勝てないことを知っている。
だから最善の策を駆使して、1点でも多く取る。
しかし負けるチームほど、簡単に勝てると思っている。
だから試合以外のチームづくりの部分でも、
ちょっと補強したら勝てるなどと安易に考える。
1つ勝つのにどれほど労力を費やさないといけないかが、
わかっていない。
その結果、毎年負けるのだ。

（『そら、そうよ』）

——強いチームと弱いチームの違いについて語った言葉

プロ野球における監督の手腕は僅差のゲームの勝敗に如実に表れる。２０２３年シーズンの阪神の1点差のゲームは全部で43試合。その内訳は26勝17敗。勝率6割、11試合の勝ち越しである。

この世の中は接戦の連続である。接戦を勝利に導くためにはリーダーである監督の采配の手腕が問われるのだ。接戦になっても、あるいは劣勢になっても、岡田はあまり動かない。そこで流れがこちらに来るのを我慢強く待つ。

太陽が雲によってさえぎられたとき、一流と並のリーダーの行動の違いが明確になる。キャリアが浅いリーダーはすぐに動く。つまり、太陽の光を求めて歩き出してしまうのだ。それによって心の迷いが起こり、たいてい自滅してしまう。

一方、岡田のような**一流のリーダーは動かない。ただひたすら雲が流れ去るのをじっと待つ。**そうすれば、やがて再び雲が切れて太陽が現れることを、彼らはキャリアを通して痛いほど知っているのだ。

37項でも紹介しているが、岡田の口ぐせは「普通にやれ！」である。どんな状況でも「普通にやる」という一見当たり前のことを淡々とやり続けることは、私たちが考えているほど簡単なことではない。

流れがこちらに来るまで我慢強く待とう

28

なぜ、「四番大山」を動かさなかったのか？

四番とは、みんなが認めるバッター。
これが四番の条件よ。
「なんでアイツが？」「アイツの四番は無理がある」
なんて声が出るような選手に
四番は務まらないし、任せられない。（中略）
四番・大山。これをシーズンで貫く。
そういう意味でオレは相当頑固かもしれない。

（『幸せな虎、そらそうよ』）

――大山を四番に固定したことについて語った言葉

阪神が日本一を実現した要因として大山の活躍を忘れてはならない。２０２３年シーズンの大山の活躍は特筆に値する。打率・２８８、19本塁打、78打点。四球獲得数（99）はリーグ最多を数え、最高出塁率（・４０３）のタイトルを獲得。

全試合四番スタメン出場は阪神の選手では２００９年の金本知憲《かねもとともあき》以来、14年ぶり史上5人目、生え抜きでは１９８５年の掛布雅之《かけふまさゆき》以来、38年ぶりである。

大山の野球に取り組む姿勢は特筆に値する。たとえ岡田が「凡打のときは全力疾走せんでええよ」と大山に伝えても、これが自分のプレースタイルとばかり、岡田の忠告を聞き入れることはなかったという。

２０２３年の阪神ほど打順を固定した球団は、ほかにあまり見当たらない。それは１４３試合で１３５通りのスタメン構成を組んだオリックスの中嶋聡《なかじまさとし》監督とは好対照である。どちらがいいかについては賛否両論があるが、少なくとも阪神の日本一を実現した大きな要因はポジションの固定であったことは論をまたない。

リーダーなら「お前にすべて任せた！」という言葉を口ぐせにして最大限の権限を彼らに委譲しよう。そうすることにより、メンバーのモチベーションは自発的に高まり、彼らはすごいパフォーマンスを発揮してくれるようになる。

メンバーに最大限の権限を委譲しよう

29

なぜ、「思うまま」に行動させたのか？

孫ほど年の離れた選手もいるけど、
オレの話によく耳を傾けて、やるべきことを理解してくれた。
春、夏、秋と、戦えば戦うほど強くなった。（中略）
あれ、こいつら、こんな力あるんやと、
何度驚かされたことか。
ベンチで笑顔になるのは、そんな気持ちの表れよ。
期待感のほうが大きかった。

（『幸せな虎、そらそうよ』）

――2022年秋のキャンプからの1年間を振り返って語った言葉

リーダーの大切な役割はメンバーに期待することである。多くのリーダーが誤解している事実がある。それはメンバーにプレッシャーがかかったとき、「落ち着け!」とアドバイスすること。

このことに関してハーバード大学のアリソン・W・ブルックス博士は300人の被験者にさまざまな作業を行わせ、実験前に以下のようなメッセージを声に出させた。グループAには「私は興奮（ワクワク）している!」。グループBには「私は不安だ!」。そして、グループCには「私は落ち着いている」。

するとグループAは数学のテスト、カラオケの正確性、スピーチの説得力などでほかのグループより明らかに優秀な出来映えを示した。つまり、無理に冷静さを保つより、メンバーを興奮させるほうがうまくいくのだ。

岡田の口ぐせである「普通にやれ!」は、言い換えれば「自分の思うがままにやったらええやん」となる。これが選手を興奮状態に持っていくのだ。一方、二流のリーダーは「ここでヒットを打てよ!」と選手にいらぬプレッシャーをかけてしまう。これが選手に不安を与え、たいてい結果はみじめなものになる。**メンバーを適度に興奮させて仕事場に送り出す**のが、岡田のような一流のリーダーの共通点なのである。

メンバーを適度に興奮させて仕事場に送り出そう

30

なぜ、つねに「先の先」を考えるのか？

ベンチにいるとき、オレは先の先を考えて采配している。
常に次をどうしようか頭を働かせているわけ。
そら、表情が険しくなることもあるよ。
ただ、２０２３年は、
自然と笑顔になることも少なくなかった。

（『幸せな虎、そらそうよ』）

――采配術について語った言葉

カナダのカルガリー大学の心理学者シェルドン・ゴールドバーグ博士は従業員が30名以下の小規模の企業の経営者を対象に、どのような経営者がいる企業が成功しているかについて調査した。

すると普段から頭のなかでシミュレーションを行い、**「こういう場面ではどのような作戦を実行すればいいか？」ということを先回りして考えている経営者がいる組織ほど大きな利益を生み出し、会社を成長させている**という事実が判明した。

岡田の思いは選手だけではなく、ファンはもちろん、これまでの阪神でプレーした多くの先輩たちにもおよんでいる。このことについて、岡田はこうも語っている。

「ずっと応援し続けてくれたファンの思いを胸に、『勝つ』ことだけに意識を集中した1年。ファンのために、そしてタイガースの先輩の、これまでの無念を晴らすことを使命とした。先人が築いてくれた阪神の重みを、いま、若い選手とともに感じている」（同右）

ただ勝ちたいと思うだけでは、欲しいおやつを親に求めてダダをこねる子どもでしかない。選手やファンはもちろん、先人たちに対し、どうすれば彼らにチームの勝利に届けることができるかについての思いを馳《は》せながら、**何ごとも先回りして的確な解答を導き出すスキル**を岡田に与えたことは論をまたない。

何ごとも先回りして考える習慣を身につけよう

31

なぜ、大谷翔平の起用法に感動したのか？

16年の日本シリーズ、マツダスタジアムで（中略）
栗山英樹《くりやまひでき》監督が大谷翔平《おおたにしょうへい》を
ネクストバッターズサークルに立たせた。
わざわざレガースまでつけさせて。
大谷を打者で使うぞ、代打大谷だぞと
相手投手やベンチに見せた。
これで十分よ。
大したもんだと思ったね。

（『金本・阪神 猛虎復活の処方箋』）

――栗山英樹監督の見事な采配について語った言葉

2016年10月29日の日本シリーズ第6戦、3勝2敗でタイトルに王手をかけた北海道日本《にっぽん》ハムファイターズが敵地マツダスタジアムに乗り込んだ。ゲームは乱打戦になり、七回裏が終わった時点で4―4の同点。そして、八回表の日本ハムの攻撃である。簡単に二死になったものの、そこから3連打で二死満塁の好機。大谷翔平(現ロサンゼルス・ドジャース)がネクストバッターズサークルに姿を見せると、球場の空気が一変する。

当時の栗山英樹監督が相手バッテリーを目で威圧した。結局、打席の中田翔《なかたしょう》(現・中日《ちゅうにち》ドラゴンズ)は一度もバットを振ることなく押し出し四球となり、決勝点を〝アシスト〟して見事、日本ハムが日本シリーズを制覇して日本一に輝いた。この言葉に続けて、岡田はこう語っている。「大谷をあんなふうに戦力として使うとはね。恐らく使う気はなかったし、実際に打席に立たせることはなかっただろう。しかし試合の流れを、あれで一気に日本ハムのペースにしてしまった」(同右)

手段を選ばず、相手チームに威圧できることとならなんでもやってみる。同じ一流のリーダーとして岡田は栗山のこの采配のすごさに感動したのだ。

リーダーなら現状のメンバーの力量と得意技を熟知して、ときには意外性のある戦術をしかけてチームを勝利に導くことが求められる。

メンバーの力量と得意技を熟知して意外性ある戦術をしかけよう

32

なぜ、「敗戦処理」という言葉を使わないのか？

わたしは、絶対に敗戦処理という言葉は使わなかった。
ブルペンでも、投手陣が敗戦処理と言ったら、怒った。（中略）
ああ負け試合やと思ってマウンドに行くのと、
踏ん張ればなんとかしてくれる、
自分が抑えればまだこの試合は分からないぞと思うのでは
全然違う。

（『金本・阪神　猛虎復活の処方箋』）

――なぜ「敗戦処理」という言葉を使わないかについて語った言葉

岡田は目立たない選手をその気にさせる天才である。 これは当たり前のことだが、レギュラーは、ほうっておいても頑張ってくれる。

岡田のような一流のリーダーは目立たない選手にやる気を出させてチームに貢献させることができる。それだけでなく、そういうことを実行すれば、レギュラー以外の選手が生きいきとしてベンチから大きな声を出せるようになる。2023年シーズンに入る前、江《え》夏豊《なつゆたか》との対談で、岡田はこう語っている。

「代走と守備固めの島田と植田《うえだ》（海《かい》＝引用者注）と熊谷にはね、1軍のメンバー決める前に『おまえらは1軍確定や』って言うてます。『その代わりレギュラーにはなられへんぞ！』って（笑）」（「週刊プレイボーイ」2023年4月24日号）

二流のリーダーはレギュラーから外れた人間をほったらかしにして、戦力として活用しようとしない。

一方、岡田のような一流のリーダーは、つねにレギュラー以外の人間を絶妙のタイミングで救援、代打、代走で起用する機会をうかがっている。**レギュラーから外れた目立たない人間の起用法について精いっぱい心を砕く。** これこそが岡田のような一流のリーダーの共通点なのである。

目立たない人材を精いっぱい活用しよう

33

なぜ、「貫き通す」ことを重視したのか？

阪神タイガースに憧れ、阪神タイガースを愛し、
永遠の阪神タイガースファンでもある私は、
監督5年目の2008年を集大成の気持ちで、
一つの決意を持って優勝に向かった。
「貫」
これをこの1年の自分のテーマにしていた。
岡田の野球、岡田らしい野球、阪神の野球、阪神らしい野球。
これを貫くことこそ、優勝への道…と信じて2008年に臨んだ。

（『頑固力』）

――2008年シーズンに臨んだ心構えについて語った言葉

68項でも触れているが、2023年シーズン、岡田は「アレ」という言葉を繰り返し唱え続けた。結果、この言葉が選手の心のなかに定着して暗示効果を生み出し、それを実現するための彼らの意欲を高め、チームを日本一に導いた大きなパワーになったと私は考えている。

当時の岡田にとって、自分の思いをゲームで反映させることこそ、彼にとっての最優先事項だったはず。それが正しいか、正しくないかはまったく関係ない。**自分の信念を貫き続ければ、それはすべて正しいのだ。**

つまり、「自分が信じた勝利の方程式をゲームのなかで淡々と実行すること」こそ岡田の信念そのものなのである。それは、いまもまったく揺らぐことはない。

このことについて、当時、岡田はこう語っている。

「頑固と呼ばれても構わない。ブレのない野球を続けること。過去4年、自分が目指した野球、自分が目指したチームづくりは間違いではなかった、という証《あかし》を立てるために、阪神の野球を貫くことを決めた」（同右）

岡田が自分の考えをそのままチームづくりに反映したように、あなたがリーダーなら、理屈抜きに自分のやり方を貫き通して成果を上げることが求められるのだ。

リーダーなら自分のやり方を貫き通して成果を上げよう

34

なぜ、つねに「自問自答」を繰り返したのか？

あの経験は、監督となった私のチーム作り、
長いペナントレースをどう戦うかの野球観に
重要な意味を占めた。
本当のチーム力とは変化、対応をしながら
身につけていくことである。
自分たちで考え、試行錯誤し、方程式を見つけ、
成長していくことでもある。
85年の優勝は、私に、それを教えてくれた気がする。

（『頑固力』）

――阪神が日本一に輝いた1985年シーズンを思い出しながら語った言葉

これは私の推測にすぎないが、岡田のような**有能なリーダーは自問自答のスキルを身につけている。**彼の脳裏には四六時中、自問自答する習慣が身についているはずだ。

もちろん、この言葉にあるように、ただ自問自答するだけでなく、それを行動に移し、「トライ・アンド・エラー」を繰り返しながら、最終的に「トライ・アンド・サクセス」の確率を高めていくことがリーダーには求められる。

「どうすればチームを勝利に導けるか?」「この局面で、どの投手をマウンドに立たせればいいのか?」「この場面でバッターにバントをさせるべきか? それともヒット・エンド・ランを敢行すべきか?」といった質問を次々と自分に投げかけ、その答えを行動として選手に指示して、その結果を検証する。これこそリーダーの責務であり、好ましい結果を得るために不可欠な要因である。このことについて、岡田はこうも語っている。

「個々の力の結集が、チームであり、それを勝つことにつなげた結果が優勝なのである。投打のバランスの悪かったチームが戦いを続けるうちに、勝つ術を見つける。それを最も感じた85年の優勝だった」(同右)

自問自答を頻繁に繰り返すことによって正しい解を得られる確率を高めていく。その手腕がリーダーに求められるのだ。

リーダーなら自問自答を頻繁に繰り返そう

35

なぜ、「全員野球」にこだわったのか？

チームは一軍の28人だけで戦っているのではない。
一、二軍あわせての70人が戦力だ。
だから一軍監督は、二軍も自分の目でしっかり見ておかなくてはいけないと常に思っている。

（『そら、そうよ』）

――選手の活用術について語った言葉

岡田のような一流のリーダーは与えられたメンバーでチームを勝利に導くことだけを考えている。だから現状のメンバー全員の力量を正しく把握するために二軍の練習にこまめに足を運ぶこともめずらしくない。

現状のメンバーの戦力を冷静に判断して適材適所の原則を貫き、彼らが持てる力を十分に発揮できるしくみをつくるのが一流のリーダーの証しである。このことについて、岡田はこうも語っている。

「私の野球は、自分の野球観に固定観念を持っている野球ではない。だから日本代表の監督とか、そういうものには興味がない。足を使った野球をしたいから、12球団から足の速い選手を選ぶなどということは性に合わない。今あるものをどう良くするか、そしてどう勝つか。私は監督としては、そういうタイプなのである」（同右）

将棋はすべての駒を的確に用いてこそ勝ちに結びつけることができる。飛車角だけではとうてい勝てないのだ。歩をうまく活用してこそ劣勢になっていた戦局を逆転できるのだ。歩は金になることができるように、**チームの目立たないところで縁の下の力持ちの役割をしているメンバーを、いかにして絶妙のタイミングで投入するか**。そこにチームを統率するリーダーの力量が問われるのである。

メンバーが目いっぱい力を発揮できるしくみを構築しよう

36

なぜ、周囲に惑わされなかったのか？

やっぱり、クリーンナップを打つ主軸が外野に行ったり、内野に行ったりね……あんまりコロコロ変わるといいことないと思うんですね。しっかり打つほうに専念させてやらないといけない。

（「週刊プレイボーイ」2023年1月23日号）

——ポジションの固定について語った言葉

２０２３年シーズンに**阪神が日本一になった大きな要因は、岡田が自分の信念を貫き通したことにあった**と私は考えている。彼はすべて自分の信念で動く。言い換えれば、周囲の人間の考えに惑わされないのだ。

もちろん一人ひとりのリーダーの信念は異なるものであってもいい。しかし、いったん自分の信念を開示したら、それを変えてはいけない。なぜなら、信念をコロコロ変える自信のないリーダーにメンバーはついていかないからだ。

リーダーなら自分の信念を貫くだけでなく、その信念をその理由とともにわかりやすくメンバーに開示しなければならない。このことについて、２０２３年シーズン前に、岡田はこうも語っている

「今のところ、１、２番は近本（光司）、中野（拓夢）でいこうと思うんですよ。ふたりとも盗塁王を獲《と》ってますし、走るのは武器ですから。相手に走れるというのを見せつけておきますよ。（中略）とにかく恐怖心を植えつけておかないと」（同右）

自分の信念を貫けば、たとえそれが実らなかったとしても後悔することはない。それだけでなく、スポーツ界のみならず、ビジネス界においても**信念を徹底して貫くリーダーにメンバーは自発的についていくのだ。**

メンバーは信念を貫くリーダーについていくと知っておこう

37

なぜ、「普通にやれ！」と言い続けたのか？

２０２３年、最も発した言葉は
「普通にやればいい」やったと思う。（中略）
だが、それは簡単なことではない。
普通に戦う難しさ。それが分かるだけに、
選手には無理難題を押しつけているか、
結構、考えもしたよね。

（『幸せな虎、そらそうよ』）

――２０２３年シーズンを振り返って語った言葉

27、29項でも少し触れたが、岡田の口ぐせのひとつは**「普通にやれ！」**である。それを、もう少し具体的に表現すれば、「ビッグプレーやファインプレーは必要ない」という主張である。「普通にやれ！」という言葉をもう少し具現化すれば、もちろん「四球を選ぶ」というミッションも「普通にやれ！」という具体策である。２０２３年シーズンに岡田はこのミッションを選手に徹底させた。

たとえば、その典型例は２０２３年6月4日の甲子園での対ロッテ戦。この試合で阪神打線は１６０キロ台の剛速球を武器に開幕4連勝中だった佐々木《ささき》朗希《ろうき》に6イニング１０２球も投げさせて２―０で勝利し、佐々木にシーズン初黒星をつけた。

この試合の六回、先頭の中野が追い込まれながらも四球をもぎ取り、これを足がかりに大山が先制打を放つ。結局、佐々木朗は10奪三振、被安打1ながら四死球を4個出し、この出塁が勝負を大きく左右したのだ。

要は「四球という地味なプレーでコツコツと出塁し、それを機にヒットを交えて地道に得点を稼ぐことによって勝利を呼び込む」という戦略こそ「チームを勝利に導く秘策」だったのである。リーダーなら**理屈抜きにチームを勝利に導く地道な戦略を立て、それをわかりやすくメンバーに伝えて実践させる**ことが求められる。

「普通にやること」こそチームの起爆剤と知っておこう

A.R.E.

PART
5
岡田流・勝利をたぐり寄せる「逆転の発想力」

38

なぜ、「背伸びは必要ない」と考えたのか？

いつも選手に言ってたのは、
「練習の力を試合で出せ」ということ。
背伸びする必要はないし、
現状の力をそのまま出せればいい。（中略）
一人ひとりが自分の力を出し合って、
その結集体がチームなんやから。

（「週刊ベースボール」2003年7月7日号）

――持てる力を発揮することの重要性について語った言葉

私は**「人は論理により説得され、感情により動く」**という言葉が大好きだ。「練習の力を試合で出せ」という岡田の心理は、「背伸びしないで自分ができることをまっとうすること」と私は勝手に解釈している。

地面に足をしっかりつけ、普段着の精神状態を維持して行うことの大切さを、岡田は説いているのだ。

日本人は「頑張ります」という言葉でお茶を濁す傾向が強い。いくら頑張っても成果が出なければ、その頑張りはムダなもの。**たとえ頑張らなくても普段着の気持ちでベストを尽くせば、おのずと結果はついてくる。**このことに関して、岡田はこう語っている。

「リラックスというのかな。力を抜いて、普段通りに向き合えば、必ず結果が出る。選手もそれを理解し、うまくメンタル・コントロールができていたように見えた。これも成長なんよ。チームとしての成長、これがオレには頼もしかった」(『幸せな虎、そらそうよ』)

自分の力量を客観視し、平常心を維持して普段どおりの力を発揮することを意味する**「自分の力を出し切る」**というシンプルな表現を選手に繰り返し説き続けたから、彼らは目いっぱい持てる潜在能力を発揮することができた。これこそ阪神を日本一に導いた大きな要因なのである。

「自分の力を出し切る」ことの大切さをメンバーに説き続けよう

39

なぜ、「運」の大切さを説いたのか?

勝負強さを「持って生まれた運」というだけで片付けることはできない。
勝負強さとは、真の勝負の場面に本当に巡りあいたいと思い、努力を続けているかどうかで決まる、と考えている。

(『動くが負け』)

──「勝負強さ」について語った言葉

「運」という言葉は、その言葉自体がとても神秘的な響きを持っているから、多くの人々がこの言葉に強く反応する。ここで私独自の「運」の解釈について言及してみたい。

運には2種類あると私は考えている。宝くじやギャンブルで好運をつかむ「他力本願の運」と、自分の人生に好運を呼び込む「自力本願の運」である。

まず**「他力本願の運」**である。これは自分ではほとんどコントロールできない。単純に確率論の世界でのみ処理される運である。この運は「鍛錬」や「普段の行い」とはまったく無縁である。

一方、**「自力本願の運」**は自分の行いや考えにより、それを引き寄せる確率は大きく左右される。この言葉に続けて、岡田はこう語っている。

「日頃からそう思っていなければ、その場面を手繰り寄せることなどできない。そもそも、そこに立たなければ、勝負強いか弱いかすらも、わからないわけだから。勝負どころを引き寄せるためにも、そこで最良の結果を残すためにも、日頃のたゆまぬ積み重ねが大切なのだ」(同右)

岡田が語っているように、**好運にめぐりあいたいという強い願いを持ちながら、日々の努力を怠らない**。このような心構えを持っている人間だけに好運は引き寄せられるのだ。

チームに「運」を引き寄せる秘訣を知っておこう

40

なぜ、メディアを通じてメッセージを送ったのか？

あのー、最初は西《にし》（勇）と青柳でいっぱい勝てると思っていた。勝てなかった。
でも、さすがにね、勝負の8月から帳尻を合わせてくれた。（中略）
若い大竹とか村上が頑張った。
ピッチャー陣みんながんばった。
ブルペン陣、みんなすごい。

（「朝日新聞デジタル」2023年9月14日）

――セ・リーグ優勝を決めたあとに投手陣の頑張りについて語った言葉

リーダーなら選手への期待をしっかりメンバーに伝えよう

2023年シーズンの投手陣の活躍は岡田の彼らへの期待の賜物だと私は考えている。誰もが虎のエースと認めた青柳は期待を裏切り、6年ぶりの二軍再調整を経験するなど、彼にとっては不完全燃焼のシーズンとなった。しかし、8月に入ると、5日の対DeNA戦を皮切りに4連勝を記録するなど尻上がりの好調を示す。そして、日本一を決めた日本シリーズ最終戦を見事な投球で締めくくったことは記憶に新しい。西勇輝《ゆうき》もチーム最年長投手としてシーズン序盤は無難なスタートを切ったが、7月上旬に不振のため二軍落ちも経験。しかし、8月下旬に見事に復活し、ベテランとしての役割をまっとうした。

この言葉にあるように、**岡田はマスメディアを通して選手への期待を頻繁に口にするリーダーである。**これこそ選手を奮起させ、結果、阪神が日本一に輝いた大きな要因である。「運」に関する研究の世界的権威であるイギリスのリチャード・ワイズマン博士はこう語っている。「運のいい人は、将来に対する期待が辛抱強さを生み、かなりの逆境に立たされてもあきらめない」(『運のいい人の法則』角川《かどかわ》文庫)

チームや選手への期待が幸運を引き寄せることを岡田が確信しているかどうかは定かではないが、**自分だけでなく、チームや選手の将来は明るいものになるという期待**が、2023年シーズンの日本一に貢献してくれたことは間違いない。

41

なぜ、「勝ち負けの理由」を追究したのか？

勝ち負けには必ず理由がある。
いや、なければならない。
なぜ勝ったのか説明できなければいけないし、
負けた時も敗因が必ずあるものだ。
例えば、今日は自分たちはいい試合をしたけれども、
たまたま相手が上回った。投手起用の順番を間違えた。
すべての結果に必ず理由はある。

（『動くが負け』）

――勝ち負けの捉え方について語った言葉

「勝ちに不思議の勝ちあり。負けに不思議の負けなし」という言葉で脚光を浴びたのは野《の》村《むら》克也《かつや》である。しかし、じつは、これは野村ではなく、肥前国平戸《ひぜんのくにひらど》藩主松浦《まつら》静山《せいざん》の言葉である。松浦は剣術の達人であり、この言葉の真意を要約すると、「本来の武道の道を尊重し、教えられた技術を守って戦えば、たとえ気力が充実していなくても勝つことができる。だから不思議と考えずにはいられない。一方、本来の道から外れ、技術を誤れば、負けるのは疑いのないことだから、不思議の負けはない」となる。

右の言葉に続けて、岡田はこうも語っている。

「もうひとつ大事なのは、負け試合で戦犯を作らないこと。1人の主力バッターが打てなかったから負けた、という状況を作ってはいけない。（中略）ただ、勝つ時は1人のヒーローでもいい。スタメンのうち8人が1本もヒットを打てなかったが、1人が4本ホームランを打って勝った。そんな内容でもいい」（同右）

岡田には、「負け同様、勝ちにも必ずその理由があるから、どんなゲームも不思議という言葉で逃げてはいけない」という思いがある。**勝ちゲームは私たちに自信を与えてくれる。一方、負けゲームは私たちに欠けているものを教えてくれる。**すべてのゲームを糧にして貪欲に成長する手がかりを探り出す。リーダーなら、このことを忘れてはならない。

「勝ちに不思議の勝ちなし、負けに不思議の負けなし」と考えよう

42

なぜ、「平常心」を維持できたのか？

負けたら悔しい。勝ったらうれしい。
それがプロ野球の原点であり、醍醐味《だいごみ》だと思う。（中略）
見ているファンのほうがよほど悔しがり、喜んでいる。
勝っても負けても淡々としている選手、
というの不自然なのだ。

（『プロ野球　構造改革論』）

――「勝負へのこだわり」について語った言葉

過去30年以上、私は臨床スポーツ心理学者として数多くのプロスポーツ選手のメンタル面のバックアップをしてきたが、感情コントロールが彼らのパフォーマンスを左右する重要な要素であることはいうまでもない。たしかにメンタルトレーニングの教科書には**「パフォーマンスを向上させるには平常心を維持しなければならない」**と書いてある。もちろん、この考え方は間違っていないし、いまでも通用する理論である。

しかし、人間が感情の動物である以上、平常心を維持することは考えるほど簡単なことではない。私の考え方はこうだ。リーダーなら「終わってしまった過去の結果に関する思考」と「未来に備える思考」をきっちり区別すべきである。

たとえばゲームの終盤にチームの誰かが逆転本塁打を打った。制限時間をたとえば1分間と決めて喜びの感情を爆発させればいい。一方、二死満塁の好機に自軍の打者が三振に打ち取られた。このときこそ平常心を維持すべきなのだ。

心のなかに悔しさが充満していても、ポーカーフェイスでいいから平然とした表情を維持して見過ごせばいい。そして、すぐに気持ちを切り替え、これから起こることに精いっぱい期待しよう。メンバー全員だけでなく、自分も含めたコーチやスタッフにも、この感情コントロールのスキルを教えるのが、リーダーにとっての大切な役目なのである。

メンバー全員の感情コントロールのスキルを高めよう

43

なぜ、理屈抜きで「勝利」にこだわったのか？

おれがほかの監督と決定的に違うのは、
こういう野球をやりたい、
というのがないことよ。
おれは預かった戦力でどう勝つかが、
監督のさい配やと思うてる。

（『オリの中の虎』）

――采配に関する持論を語った言葉

岡田のような**一流のリーダーの共通点は、理屈抜きに勝利に執着すること。**その欲が半端ではないのだ。このことに関して、岡田はこう語っている。

「タイガースファン。その後押しいうのは、ものすごいもんがあると思うよ。だけど最近の選手は、簡単に言い過ぎる。『ファンのみなさんの応援で、その力でヒットが打てました。ファンの後押しで、ホームランが打てました』そんなん、あるわけないやん。ごまかり過ぎや。（中略）なんのためにプロ野球の試合をするのか。勝つためにやるだけや」（同右）

「ファンが喜ぶおもしろい試合」より「ファンが安心して勝利を確信できる試合」を優先させる。リーダーなら、このことを忘れてはならない。

スポーツ界にかぎらず、どの分野においても、これは立派に通用する成功方程式である。つまり、ライバルに競り勝って勝利するより、その分野で圧勝することのほうがよほど重要なのだ。**飽くなき勝利への執着心**が岡田を一流のリーダーに育てている。

たぶん彼は2023年シーズンの日本シリーズ最終戦に勝利して日本一になったあと、数日以内にその勝利に酔いしれることと決別したはずだ。そして、すでに彼の脳裏には2024年シーズンの日本一を実現するための具体的な戦略が駆けめぐっているはずだ。

理屈抜きにファンに勝利をプレゼントしよう

44

なぜ、「成功体験」を捨てたのか？

勝ちにこだわるか、若手を育てるか、なんて議論があるけど、
これもおかしい。
観客は、ファンは、どっちを見たいのか？
勝つのを見たいに決まってるやん。
勝てないなら、若手を使えと、優先順位はそういうことやろ。

（『オリの中の虎』）

――「ファンの思い」について語った言葉

岡田ほど勝ちに執着するリーダーを探すのは、とても難しい。もちろん岡田は勝って浮かれるタイプのリーダーではない。

このことに関して、岡田はこう語っている。

「このメンバー、このやり方で勝てるというのは、その年だけのこと。今年いけたから、来年もいけるというんは大間違い。同じ考え方でいったら、次の年はほとんど負けるやろ」(同右)

たしかに勝利への執着心は大事だが、リーダーにとって、それ以上に大切なことは、**スパッと終わってしまったゲームのことは忘れて次のゲームに備えること**。

スポーツ界のみならず、ビジネスの世界においても、ひとつの勝利があれば、ひとつの敗北が存在する。目的や手段として勝つことはリーダーに課せられた至上命令ではあるが、ゲームを勝利した瞬間、もはやそれは終わったこと。それに酔いしれている暇はない。

そんなことに浮かれていると、ライバル企業にすぐに足元をすくわれて奈落の底に落ちかねない。たとえ2023年シーズンの阪神のように**連戦連勝を実現しても、すぐに次の勝負に備えてメンバーに新たなチャレンジを促す**ことができるのが、岡田のような一流のリーダーの共通点なのである。

終わったことを葬り去って新たなチャレンジをメンバーに促そう

45

なぜ、「結果」がすべてと考えたのか？

何事も結果が全て。
こういう教え方をしたら勝てる、というのはない。（中略）
答えがないから、勝たなアカンのよ。
勝てばあの指導が良かった、
監督のやり方は正しかったということになる。

（『金本・阪神 猛虎復活の処方箋』）

――勝つことの大切さについて語った言葉

プロ野球にかぎらず、ビジネスの世界においても、**組織のリーダーは、そのチームの全責任を負うからこそチームの采配権をもらっているのだ。**この覚悟のあるリーダーはどこを見渡してもそれほど多くない。岡田は数少ない肝の据わったリーダーである。このことについて、岡田はこうも語っている。

「よく言われるのが、『ファームは選手を育てるのが目的で、勝つためにやっているのではない』という言葉だ。私には、『何をバカなことを言っているのだ』としか思えない。勝つことが目的ではないプロ野球の試合など、有り得ない。育てるために負ける試合など、存在しない」（『プロ野球　構造改革論』）

リーダーなら自分の責任において理屈抜きにチームを勝者に仕立てなければならない。だから結果の責任はメンバーではなく、すべてリーダーにある。いくら考えても「正解」などないことを認めたうえで四六時中、勝利のために思索を積み重ねることが責務なのだ。

岡田のすごさは、**常識を脳裏から潔く捨て去って自分の信念で構築した「勝利の方程式」を実戦で行使する**こと。この世の中は接戦の連続。今回の日本シリーズも阪神とオリックスの「紙一重」の違いが運命を分けた。「格好いい勝ち方」や「一方的な圧勝」より「泥臭い勝ち方」や「接戦を制すること」のほうが、よほどすごいことなのだ。

結果の全責任を負う覚悟をしよう

46

なぜ、「もう1点」が取れたのか？

ボール球を振って凡打が多かったんで
開幕前にね　球団に言うたんですよ
「フォアボールのポイントを上げてくれ」（中略）
了解を得てね（中略）
前日のミーティングで
選手に言うたんですよ

（YouTube「虎バン　阪神タイガース応援チャンネル　ABCテレビ公式」2023年6月2日）

――フォアボールの査定ポイントのアップについて掛布雅之に語った言葉

ここで2023年シーズンの阪神の主なチーム成績を比較してみよう。平均打率（・247）はDeNAと同率2位。本塁打数にいたっては84本と5位に沈んでいる。しかし、打点は534で断トツ1位。2位の巨人は511であり、最下位の中日は370であることから、これがリーグ優勝の大きな要因であることは間違いない。それでは、**本塁打数が5位にもかかわらず、この打点の多さはどこから来ているのだろう。**

それは四球の多さにある。阪神の選手が選んだ四球数は494。2位のヤクルトが447であり、最下位の中日にいたっては306と、阪神のそれの6割にすぎない。

じつは岡田は開幕前に球団幹部と話し合いを行い、四球の査定ポイントのアップを取りつけた。岡田には「四球はヒットと同じ」という信念があり、選手に選球眼の向上を繰り返し訴え続けてきた効果がすぐに出たのだ。このことについて、岡田はこう語っている。

「選手が若いしね。勝つことで自信をつけて徐々にチーム力が上がっていけばいいと考えていたけれど、思ったよりも（成長が）早い。状況判断がもの凄くできるようになった。後半に同点とかで競ってくる中での自分の役割というかね。それがフォアボールにつながってくる」（「RONSPO」2023年6月3日）

これもフロントを味方につけて現場の一体感を見事に実現した岡田采配の妙である。

メンバーの査定を改善することに全力を尽くそう

47

なぜ、前回監督時のリベンジを果たせたのか？

常に恐れを持ち、マイナス思考でゲームに臨み、
どんな状況にも対処できるイメージを
備えて戦ってきたつもりである。
しかし13ゲームも引き離しながら、
トップでゴールを切れなかった。
その責任は重い。

（『頑固力』）

――2008年シーズンに逆転優勝を許したことについて語った言葉

2008年シーズンは岡田にとって屈辱的なシーズンとなった。このシーズンの阪神は2位巨人に一時は13ゲーム引き離しながら、最終的には大逆転を喫し、CSファーストステージでも中日に敗退する。優勝を逃した岡田は辞任を決意。

岡田ほど潔く自分の進退を自ら決めるリーダーは、それほど多くない。この言葉に続けて、岡田はこうも語っている。『そこまで責任を感じることはない』という声もいただいたが、自分は許せなかった。勝負の世界はプロセスより結果。結果がすべての世界である。私の中で13ゲーム差を守れなかった責任、ファンの期待を裏切った責任は、辞めることで表現するしかなかった。それが今回の辞任のすべてである」(同右)

「理屈抜きに勝負は勝たなければならない」という事実はスポーツ界のみならず、ビジネス界でも相変わらず健在である。この過酷な競争社会では勝者だけが残り、敗者は消え去る運命にある。ただし勝ち負けはただの結果にすぎない。その負けをバネにして次の勝負で勝てばいいのだ。

2023年シーズンの前半戦は驚くほど2008年のそれと似ていた。しかし、今回は最後までほかのチームを寄せつけず、ペナントレースで圧勝した。**屈辱をバネにして次の機会にリベンジを果たす。**これも岡田のような一流のリーダーが持つ資質なのである。

屈辱をバネにして次の機会でリベンジを果たそう

48

なぜ、「負けない野球」に徹したのか？

負けるチームの典型例なのは、
勝てる試合を落とすということ。
ここであと1点取っておいたら勝てるのに、
取れなくて負けるなど、試合の流れが読めない。
それに負けるチームは点を取ったら安心してしまい、
少し追い上げられただけで焦る。
野球のなかの勝負どころが、わかっていないのだ。

（『そら、そうよ』）

――「負けるチーム」の特徴について語った言葉

これは、あくまでも私の推測にすぎないが、**岡田が標榜《ひょうぼう》するのは「勝つ野球」ではなく「負けない野球」である。**「勝つ」と「負けない」は同じようで違う。もちろん心の余裕があるのは「負けない野球」である。「勝ちたい」と考えた時点で心のなかに欲が湧き上がり、焦りが生まれる。しかも、このタイプのチームは最悪の状態をイメージしていないから、ちょっとしたピンチでも簡単にうろたえて集中力を失ってしまう。

一方、「負けない」という心理で勝負すれば、つねに最悪の状況に陥ることもあることを想定しているから、よくないことが発生しても、泰然自若の態度を貫ける。

それをわかりやすく私たちに教えてくれるのは「麻雀《マージャン》」である。このことに関して、プロ雀士《ジャンし》で無敵を誇った桜井章一《さくらいしょういち》はこう語っている。「麻雀は本来、振り込みと和了《アガ》り、つまり『与えること』と『得ること』のバランスの上に成り立っている。しかし、ダメな麻雀を打つ人は、自分が『得ること』だけ、和了りだけを求めて相手を見ようとしない。これは『勝ち』の欲に囚《とら》われてしまっているからで、つまりは全体を見る目を持っていないのだ」(『負けない技術　20年間無敗、伝説の雀鬼《ジャンき》の「逆境突破力」』講談社《こうだんしゃ》＋α新書)

岡田や桜井のようなキャリアを積み重ねて何度も修羅場をくぐってきた勝負師は、**「勝ちたい」という欲を潔く捨て、「負けない勝負」をしかけるから一流なのである。**

「勝ちたい」欲を封じ込んで「負けない勝負」をしかけよう

49

なぜ、「プレッシャー」を味方にできたのか？

試合が始まると、ずっと調子が良かったのに、
私が行ったら緊張して打てない選手もいる。（中略）
逆に、私が見に行くときだけ打つ選手もいる。
そういう選手は、今でいう何かを〝持っている〟のか、
あるいは一軍監督が見ている前でも動じない精神力があるのか。
前者はともかく、後者であれば頼もしい。

（『そら、そうよ』）

――メンタルの強い選手と弱い選手の違いについて語った言葉

リーダーなら「プレッシャー」をうまく解釈することの大切さをメンバーに教えなければならない。多くの人々は「プレッシャー」を悪者扱いにする。しかし、プレッシャーは良質の仕事をするために不可欠なエネルギー源なのだ。

一流の選手ほどプレッシャーがなければ良質の仕事ができないと考えている。一方、並の選手は、とにかくプレッシャーのかかる場面をいやがる。

どちらがいい仕事ができるか。もちろん後者のほうである。このことに関して、岡田はこうも語っている。

「言えないことだが、個々の力量もあるので、技術をいくら鍛えてもモノにならない選手もいる。そこにまで必要以上に手をかけて、有望な選手への注力が薄まっては本末転倒だ。我々は、アマチュアの野球をやっているのではない。プロ野球は、力のある者が勝ち残る世界なのだ」（同右）

私は鹿屋《かのや》体育大学でテニス部の監督を13年間務めたが、選手たちに口ぐせのように唱えていたメッセージがある。それは**「本番は練習のリラックスを維持し、練習は本番の気迫を漂わせて」**という心構えである。プレッシャーを味方につけて成果を出すための心構えを丁寧にメンバーに教えることも、リーダーにとって不可欠な資質である。

プレッシャーをうまく解釈するリーダーの仲間入りをしよう

A.R.E.

PART 6

岡田流・眠れる力を100％引き出す「コーチング力」

50

なぜ、補強より育成を重視したのか？

もしかしたら私の考えは古いのかもしれない。
カネで優勝が買える時代になっているのかもしれない。
だがそんなやり方が、
プロ野球の魅力を半減させているのではないか。
ファームからも若い選手をしっかりと育てて野球を仕込む。
そして監督が、あれこれ手を尽くして、
チームの結果を積み重ねていく、
そういう監督業こそが面白いのである。

（『頑固力』）

――育成の重要性について語った言葉

2022年の秋季キャンプから「岡田の改革」はスタートしている。野手には守備の基本の大切さを繰り返し説き続け、内外野の連携プレーや走塁についての**基本をコーチをあいだに挟んで徹底的に彼らに理解させたという。**そのことについて、岡田はこう語っている。「そしたらな、新しい練習とか考え方が新鮮やったんかな、若いヤツが前のめりになって、興味津々ってな感じやった。オレ、これがうれしかったわ。これは相当な伸びしろがあると確信したわ」（「Number Web」2023年10月6日）

外部から有能な選手をトレードで獲得してチームの底上げをすることを、岡田はみじんも考えていない。つねに生え抜きの選手を育てることしか眼中にないのだ。たしかに優秀な人材を外部から獲得してチーム力を高めるほうが手っ取り早いし、効率的である。しかし、それでは長期的に見て育成や強化の弱体化が加速するし、突然外部から招聘《しょうへい》された選手によって多くのポジションが奪われるために、選手のモチベーションも高まらない。

リーダーの仕事は外部から優秀な人材を招聘することではなく、すでにいるメンバー一人ひとりのなかに存在する潜在能力を引き出すこと。メンバーは「やさしい上司」「楽をさせてくれる上司」「ほめてくれるだけの上司」についていくわけではない。岡田のような「真剣になって自分を育ててくれる上司」についていくのだ。

チームメンバーのモチベーションを高めるしくみをつくりあげよう

51

なぜ、選手を「その気」にできたのか？

これ以上点差が開けば、
ある投手にセーブがつかなくなるという場面で
点差が開かずに済むような采配をしたこともある。
記録というものは個人のモチベーションを上げる
大事な要因でもあるし、
そういう数字を楽しみにしているファンもいるだろう。
プロ野球の魅力の一つが記録であるならば、
指揮官も、無関心であってはいけないと思うのだ。

（『頑固力』）

――個人記録の大切さについて語った言葉

岡田はメンバーをその気にさせる天才である。選手のパフォーマンスはもちろん、彼らの記録達成を後押しすることの大切さもしっかり把握している。このことについて、岡田はこうも語っている。

「私は、監督になってからは選手の個人記録には神経をつかった。もちろん、チームの勝利が最優先であることが大原則ではあるが、個人記録、タイトルを野球史に残すために、監督として手助けできることがあれば最大限に手を貸したつもりである」（同右）

ここに、あるシンクタンクの比較的キャリアの浅いビジネスパーソンを対象にした数千人規模の調査結果がある。その設問は「あなたにとって理想的な上司とは？」という設問で回答してもらった調査結果である。

回答は四つに絞られた。まず、第4位は「自分を放任してくれる上司」である。ただし、その回答はたった4％だけだった。第3位は「リーダーシップのある上司」で、21％の回答が得られた。第2位は「仕事のできる上司」で、28％の回答が寄せられた。そして、断トツの第1位だったのは「自分を成長させてくれる上司」であった。

岡田のような**「自分を成長させてくれる上司」こそメンバーにとっての理想の上司なのである。**

メンバーを成長させることこそリーダーの仕事と心得よう

52

なぜ、「長所を伸ばすこと」を重視したのか？

私の指導理論の根本は、〝長所を伸ばす〟ということだ。（中略）
プロ野球の現場には真逆のスタイルのコーチが少なくないのだ。
欠点ばかりを探して、そこを集中的に矯正していこうとする。
けれど、指導の最初の段階で
それをやっては絶対にダメだ。（中略）
短所の矯正よりも長所を伸ばすことが先決なのである。

（『頑固力』）

――「長所を伸ばすこと」の大切さについて語った言葉

岡田はオリックス・ブルーウェーブ（現バファローズ）と阪神で1996〜2002年の7年間、監督やコーチとして二軍選手を指導してきた。**リーダーなら「メンバーの長所を伸ばす」**という、当たり前の役割を果たしていないリーダーが少なくない。

世の中には相変わらずメンバーの短所を叱り飛ばしたり、欠点をしつこく追及したりするリーダーが幅をきかせている。しかし、それではメンバーはますます萎縮してしまい、本来の潜在能力を発揮できない。とくに叱られ慣れていない最近の若者はそうである。

この言葉に続けて、岡田はこう語っている。

「ところがコーチの中には『オレが教えたから成長した』と、手柄にしたがる人間が必ずいる。だから最初から〝イジろう〟とする。（中略）その指導をまともに聞く選手は、気がついたら、矯正どころか、本来のフォームまで忘れてバラバラになってしまっている。こういう指導方法は、絶対にアカンと思うし、自分はそんな指導はしない」（同右）

「教育」という言葉には日本では「教える」というニュアンスが強いが、それは半分にすぎない。**「育てる」ことこそ教育の本質である。**自分のチームのメンバーの仕事ぶりを観察して徹底して長所を伸ばすことに尽力する。それこそが岡田のような一流のリーダーの共通点なのである。

「教える教育」から「育てる教育」に意識改革しよう

53

なぜ、本人が気づかない長所を伸ばせたのか？

基本的には長所を伸ばしてやること。足の速い者、遠くへ飛ばす者、それぞれの特長を生かした打ち方を教えてやるというのが基本方針です。

（「週刊ベースボール」2001年2月26日号）

――指導理念について語った言葉

もう少しメンバーの長所を伸ばすことの大切さについて触れておこう。**リーダーの仕事は一人ひとりのメンバーの短所ではなく。長所をピックアップして、その長所を発揮できる環境を整えること。**岡田のような一流のリーダーはそのことに習熟している。

弱点をいくら矯正しても長所にはなりえない。長所を見事に肝心の本番で発揮して初めてメンバーはチームの勝利に貢献できるのだ。

このことに関してドナルド・O・クリフトン博士はベストセラーになった『強みを活《い》かせ！』（日本経済新聞出版）でこう語っている。

「弱点にこだわると、弱点そのものが勢いを増して、強みまでをも損ないはじめます。（中略）失敗ばかりにこだわっていると、本人の気持ちを落ち込ませて、結局はその強みからも目をそらせてしまいます」

メンバーは案外、自分の長所に気づかない。だから**メンバーが気づいていない長所を引き出すのがリーダーの責務。**もちろんメンバーがただ長所を認識しているだけではチームに貢献できない。

それを具体的な行動として実践することを促し、実際に成果を出すことの大切さを繰り返しメンバーに解き続けることこそリーダーに課せられた大切な役目なのである。

メンバーに自分自身の長所を気づかせよう

54

なぜ、「ライバル心」に火をつけたのか？

高校野球やアマチュアの野球は、
元気があってチームワークが良ければそれでいいと思う。
しかし個人の集まりであるプロは、
内部で選手同士にライバル心があるほうが、
全体に好影響をもたらす。
私は、それがプロのチームだと思う。

（『そら、そうよ』）

――チーム内で競わせることの大切さについて語った言葉

この成熟した競争社会において「名人芸」を持たない人材が生き残ることは、ますます難しくなる。プロ野球にはDH（指名打者）を含めたとしても10のポジションしか存在しない。そこに座るのはそのポジションで最もチームに貢献できる選手である。もしレギュラーの選手がスランプに陥ると、虎視眈々《こしたんたん》とそのポジションを狙っている有能な選手にすぐに置き換わる運命にある。

リーダーの重要な使命は、その役割を担う人材の育成だけでなく、競わせるしくみを構築すること。たとえば遊撃の木浪が大躍進したのは小幡の存在があったからだと私は考えている。

2023年シーズンを終え、木浪はこのことについてこう語っている。

「監督が決めるので自分ではどうすることもできないけど、今年は自分が出て、途中で小幡が出てという感じだった。来年は全部出たいなという気持ちはあります」（「スポニチアネックス」2023年12月7日）

もはや居眠りをしていても務まる安泰のポジションに座る人間の多い組織は早晩、凋落《ちょうらく》する運命にある。**人間が保持する競争意識を刺激してメンバーの成長を促し、その時点で調子がいい人間に置き換わる、活気あふれる組織だけが生き残れる**のである。

競争意識を刺激してメンバーの成長を促そう

55

なぜ、コーチに「教えるな」と説いたのか？

私は、二軍のコーチに必ずこう言う。
「教えるな」
言われたコーチはきょとんとしている。
自分たちの仕事は、選手に教えることだと思っている。
教えて、俺が育てたと胸を張ることだと思っている。
いや、そう言われたいと思っている。

（『プロ野球 構造改革論』）

――「教える」ことの危なさについて語った言葉

ゴルフの世界においては「キャディーがリーダー」で、「プレーヤーがメンバー」である。そして、プロゴルフの世界ではゴルフの腕前はメンバーであるプレーヤーのほうが明らかに上である。しかし、ビジネスの世界ではキャリアあふれるキャディーのほうがプレーヤーより圧倒的に上である。だから、なかには「オレのショットを見ておけ！」とプレーヤーからゴルフクラブを奪い取って、みずからボールを打ってしまうキャディーがいる。これは明らかに越権行為である。

キャディーである**リーダーの役割はメンバーであるプレーヤーのために風の向きや強さを読んだり、グリーンの微妙なアンデュレーションを読んだりすること。**もちろん最終的な決断はメンバーであるプレーヤーに委ねられる。この言葉に続けて、岡田はこう語っている。

「『教えるな』と言われたコーチは、何をするのか。『いらんことするな』と言うしかない。やるべきことは山ほどあるのだから、心配することはない。聞かれたら、答えればいい。ここがこうなっている、と外から見えるアドバイスをすればいい」（同右）

リーダーはメンバーに仕事を進めるうえで好ましい情報だけを提供して、あとは彼らの最終決断に委ねよう。このことこそチームを勝利に導く切り札となる。

ゴルフのキャディーの役割を理解しよう

56

なぜ、「手取り足取り」の指導に反対したのか？

私の阪神退団が決まった時に、
オリックス・ブルーウェーブに誘っていただいた故・仰木彬《おおぎあきら》監督は、
まず選手の才能を黙って見ることに重点を置き、
長所を生かす人だった。
イチローの個性あふれる振り子打法や、
野茂英雄《のもひでお》のトルネード投法に何の手も入れなかったことが、
その象徴。
私は、仰木さんの指導方法から育成の哲学を学んだ。

（『なぜ阪神はV字回復したのか？』）

――名将仰木彬監督を思い出しながら語った言葉

岡田の指導哲学に大きな影響を与えたのは仰木彬で間違いないだろう。岡田は1996年から2年間、仰木が一軍監督を務めた時期に二軍監督を務めている。二軍監督時代、岡田はひとつのスローガンを掲げた。それは「コーチは1年間、とにかく何も言うな」というものだ。

この理由について、岡田はこう語っている。

「競争をくぐり抜けてきた選手の素質を潰《つぶ》すのは、球団の経営戦略上でも問題があるだろう。高い契約金を払っているのである。ならば、スカウトの眼力を信じて、1年間は触らずに、その選手の力量と、プロへの対応を見守っておくべきだろう」(同右)

老子は**「最高のリーダーとはメンバーから存在すら意識されないリーダーである」**と述べている。とにかく余計な口出しをいっさいしないリーダーである。もちろん、このリーダーは何もしないわけではない。メンバーに緊急事態が発生したときは、すぐに行動して問題を解決するのだ。

何ごとにも手取り足取り指導するリーダーのもとではメンバーが育つことはない。**独立自尊の精神を身につけ、みずから成長することができるメンバーを育てる**ことができるのが、岡田のような一流のリーダーの共通点なのである。

リーダーなら余計な口出しを封じ込めよう

57

なぜ、選手と「いい距離感」を保てたのか？

もうオレもトシがトシやし、長くはできない。
ただ戦う上において、年齢は関係ないところは見せてやる。
若いチームだけど、オレはギャップを感じない。
教えること、勝たせることは、いつも同じよ。
それが1年経《た》って、みてみいや。
勝負の9月に11連勝って、考えられるか。
ホンマ、強なったし、これからまだまだ強くなるわ。
これ、オレが保証するから。

（「Number」2023年10月19日臨時増刊号）

――2023年シーズンを振り返って選手への思いを率直に述べた言葉

２０１２年シーズンにオリックス監督を務めたあと、10年間、岡田は評論家としてネット裏から阪神を見つめてきた。長いブランクにより、阪神ファンのあいだでは「岡田の監督復帰はない」という意見が飛び交うこともあったほどだ。しかし、運命の女神は岡田を決して見捨てなかった。２０２２年シーズン前に監督だった矢野燿大《やのあきひろ》がこのシーズンかぎりの退任を早々と宣言する。ここで岡田の運命が見事に変わった。

リーダーにはメンバーをしっかり観察するスキルが求められる。それは、ひょっとしたらメンバーとコミュニケーションを取ることより大事なことかもしれない。このことについて、２０２３年シーズンに岡田を支えた今岡打撃コーチはこう語っている。

「岡田監督が作り上げた打線になりましたよね。選手の気持ちを考えることは大事だと思いますが、監督を見ていて、距離を詰めすぎてはいけないと学びました。監督は口数が少ないですが、誰よりも選手の言動や心理を見ていると思います」（「Number Web」２０２３年10月19日）

メンバーとの距離を近からず遠からず絶妙の距離感に自分を置いて、メンバーが気づかない問題点を指摘して成長させてくれる岡田のようなリーダーに、メンバーはついていくのである。

メンバーと絶妙な距離感を取って成長させることに尽力しよう

58

なぜ、「日々の練習」を重視したのか？

若い選手は秋季キャンプの3週間で伸びる。
すごく、伸びる。
よく「心・技・体」というが、
私は若い選手、とくに二軍レベルの選手は
「技・心・体」の順番ではないかと思っている。

（『そら、そうよ』）

――「心・技・体」の捉え方について語った言葉

私は過去40年以上にわたり、スポーツ心理学の見地から、競技スポーツの現場で選手たちを指導してきた。そこで実感したことは、**「自分にあまり期待しすぎるとロクなことはない」**という事実である。

このことに関して、アメリカ・ラトガース大学のダニエル・オギルヴィ博士は「自分への理想や期待が高すぎると、たいてい『こんなはずじゃなかった！』という気持ちが湧き上がってきて自信喪失になりやすい」と結論づけている。つまり、自分への期待が大きすぎると、現実の実力とのギャップが生じてモチベーションが落ちてしまうのだ。

この言葉に続けて、岡田はこう語っている。

「まずは一軍に行くには、最低限このぐらいのことができないと、戦力にはならないという技術を教えてやることが最初だと思う。すごい技術を教えてやると、選手の食い付き方が違う。そこで興味を持てば、練習にもより身が入るようになる」（同右）

リーダーなら大きな夢を描くことをいったんやめて、日々の小さな鍛錬を積み重ねることの重要性を繰り返し選手に説き続けよう。それだけでなく、目の前の鍛錬を通して日々進化していくことの快感を味わうことの大切さを教えるのも、リーダーにとって大切な仕事である。

日々の小さな鍛錬の積み重ねの大切さをメンバーに説き続けよう

59

なぜ、「継続」を大事にしたのか？

春は勝つためのことやるよ。
どうしたら勝てるかっていうことをな。（中略）
秋では決まり事を徹底せなあかんかったし、
ちゃんとその基本ができて、
（春は）そっからのいろんなことの応用やから。

（「ZAKZAK」2023年1月2日）

——シーズンオフのキャンプでやるべきことについて語った言葉

反復練習のパワーを侮ってはいけない。スポーツ科学にもとづいた練習メニューがスポーツ現場で取り入れられている時代でも、相変わらず**「反復練習」の絶大な効果**は健在である。

この言葉に続けて、岡田はこう語っている。

「うわべだけの基本なら、応用までいってもうまいことといけへん。まずしっかりした基礎というか、土台を作らんとあかん。それが基本の反復練習やろ。（これまでは）皆、うわべばっかりやってたからもろい。秋ではそこはできたと思うよ」（同右）

ジョフ・コルヴァンは名著『究極の鍛錬』（サンマーク出版）で、「究極の鍛錬は苦しくつらい。しかし効果がある。究極の鍛錬を積めば、パフォーマンスが高まり、死ぬほど繰り返せば偉業につながる」と語っている。

それにつけ加えて、コルヴァンは「才能」より「反復練習こそが偉大な才能を育てる」とも語っている。

若いメンバーに**「目の前の仕事の井戸を深く掘り続ければ必ず宝の山にめぐり合える」**という事実を繰り返し強調することも、一流のリーダーになるためには欠かせない資質なのである。

リーダーなら反復練習のパワーを最大限活用しよう

60

なぜ、「反復練習」を重視したのか？

だから秋は、決まりごとの徹底よ。
ちゃんと基本ができて、そっからの応用や。
上辺だけの基本なら応用までいっても、うまいこといけへんし。
やっぱり、しっかりした基礎、土台よ。
それが反復練習ということやんか？

（「東スポWEB」2022年12月27日）

――反復練習の大切さについて語った言葉

岡田ほど徹底して「反復練習」を重視するプロチームのリーダーを探すのは、とても難しい。スポーツ心理学の教科書には「キャリアの浅い選手は反復練習が、キャリアに満ちた選手は実戦練習が有効である」と記してある。しかし、本当にそうだろうか。

じつは最近の研究では「実戦練習は、その選手の能力を測るには有効だが、能力を高めることには、ほとんど貢献しない」という事実が判明しているのだ。

基本を重視した「反復練習」こそ相変わらず初心者からプロレベルの選手までのすべての選手にとって不可欠な練習体系なのだ。このことについて、前項で紹介したコルヴァンは、こう記している。「限界まで走り込んだり、筋肉が言うことをきかなくなるまでのウエートトレーニングを続けることはけっしておもしろくはない。しかしこうしたことは中核をなす重要な活動なのだ」（前出『究極の鍛錬』）

2023年シーズンに私たちは中野と木浪の二遊間コンビのすばらしい連携プレーを何度見てきただろうか。阪神ファンが観《み》るスタジアムで彼らが華麗なプレーを披露する陰にある、その何百倍、何千倍の時間をかけて行った反復練習の賜物であることを知らない。

キャリアを通して反復練習の重要性を脳内に刻み込んでいる岡田の指導システムが、2023年シーズンの日本一のタイトルを引き寄せた大きな要素であることは間違いない。

メンバーに「反復練習」の絶大な効果を徹底しよう

61

なぜ、新鮮味のある練習を取り入れたのか？

若いやつらに興味を持たさんとあかんよな。
練習にしてもな。新鮮味というかな。
すごいことをやる、みたいな興味を持たさんと。
1つの練習でもだいぶ気持ちの入り方が違うからな。

（「デイリー」2022年11月10日）

――練習の工夫をすることの重要性について語った言葉

画一的なトレーニングがマンネリ化を生み出し、選手のモチベーションに悪影響を与えることは数多くのスポーツ心理学の実験で証明されている。相変わらず日本のスポーツ界では合同練習と称して同じトレーニングメニューを選手に与える風潮が幅をきかせている。これは監督やコーチにとって都合のいい練習法である。しかし、それでは、とうてい選手を成長させることなどできない。

欧米の指導システムは徹底して画一的トレーニングを排除する。なぜなら、画一的トレーニングは選手の自主性を殺してしまうからだ。それに加えて日本のスポーツ現場では相変わらずコーチが手取り足取り教えるという指導システムが幅をきかせている。このことに関して、元サッカー日本代表監督の岡田武史はこう語っている。

「要するに、環境が人をつくるんです。（中略）人を育てるのは人じゃありません。環境です。その環境をつくってやるのが指導者の役目であり、コーチングの真髄じゃないでしょうか」（『勝負哲学』サンマーク出版）

選手が興味を持って自主的に練習を行う環境を岡田彰布が整えたから、監督やコーチがことさらアドバイスしなくても、選手が自分の頭で考え、自分の役割をまっとうすることができた。これこそ2023年シーズンに日本一を達成した大きな要因である。

メンバーが興味を持って仕事に取り組むしくみを構築しよう

A.R.E.

PART
7
岡田流・勝負強さを生み出す「先見力」

62

なぜ、「こういう野球をしたい」と言わなかったのか？

おれは、「どういう野球をやりたいんですか？」

と聞かれても、答えはない。

「勝つためにどうしたらいいんですか？」

「このチームのために勝つために、どんな野球をしますか？」

そう聞かれたら、いくらでも答えられる。


（『オリの中の虎』）

――勝つことへの思い入れについて語った言葉

岡田のような**一流のリーダーは自分の専門分野における知識だけでなく、直感やひらめきが半端ではないのだ。**

私は以下のサッカー界の名将ジョゼ・モウリーニョの言葉が大好きである。

「私は特定の試合を思い出して満足感に浸るような真似《まね》はしない。いつも次の勝利、次のトロフィーを取るためだけに働き続けてきた。監督を務める喜びとは、思い出に浸ることではなく常に勝利を重ねていくことにある。だからせっかくメダルをもらっても、私は人にあげてしまうんだ」（児玉光雄『サッカー名監督　超一流の思考』東邦《とうほう》出版）

岡田やモウリーニョのような**一流のリーダーは、つねに未来志向である。未来志向に徹するリーダーの脳内には自然発生的に直感やひらめきが浮かんでくる。**

一方、並のリーダーはいつまでも勝利の余韻に浸ったり、敗北の悔恨を引きずったりする。だから感情が優先して直感やひらめきを生み出すための脳の環境が整備されない。当然のことながら、このチームが飛躍することはない。

結局、自分の専門分野でチームを勝利に導くためには、頭のなかにしっかりテーマをたき込み、精いっぱい直感やひらめきを駆使して成果を上げる。これこそが岡田のような一流のリーダーがやっていることなのだ。

勝利の思い出に浸ることはやめよう

63

なぜ、「見きわめ」を重視したのか？

「見極め」ということをわたしは何度も言うけど、監督には一番大切なことだと思う。正確に言えば、「より早い見極め」。必要なのはこれよ。（中略）早い決断をすることが大事。早い見極めとは、早く決断するということでもある。

（『金本・阪神 猛虎復活の処方箋』）

――「決断」することの重要性について語った言葉

勝負の世界では、リーダーにはチームを勝利に導くことが理屈抜きに求められる。そのためには**普段から目いっぱい直感を働かせて即決、即断を実行するスキルを高めなければならない。**

そのためにはメンバーの現状の調子や、彼らの武器、特徴だけでなく、性格まで脳裏にたたき込み、刻々変化する状況に対して即決、即断することが不可欠である。つまり、リーダーには決断力の速さが試されるのだ。

野球の世界にかぎらず、**一流の人間というのは見きわめの確かさと速さでほかの人間の追随を許さない。**たとえば将棋界のレジェンド羽生善治《はぶよしはる》棋士は「見切ることの大切さ」についてこう語っている。

「『見切る』とは、必ずしもこれで勝てるとかこちらが正しいといった明快な答え、結論ではない。『分からないけれども、まあ今日はこれでいってみよう』とか、『今回はこっちを選ぼう』と、絶対の自信はなくとも思いきりよく見切りをつけることができるかどうか。それは、直感を信じる力の強さにも通じているのではないか」(『直感力』PHP文庫)

リーダーなら理屈抜きに精いっぱい直感を働かせて即決、即断を果敢に実行する。それが正しいか、間違っているかは二の次。これは大切なことである。

精いっぱい直感を働かせて即決、即断を果敢に実行しよう

64

なぜ、「結果がすべて」と考えたのか？

監督采配は結果が全て。
どんなやり方してもいい。
勝ったら、そのやり方が正しかったということになる。
万全で行っても打たれて負けることもある。
それは采配ミスと言われても仕方ない。
采配とは結果なのだから。

（『金本・阪神 猛虎復活の処方箋』）

――勝つことの重要性を采配に結びつけて語った言葉

監督の最大の使命は「チームを勝利に導くこと」にある。ただし、その方法は問われない。理屈抜きにチームを勝利に導くリーダーは名将なのである。いかにチームを勝利に導くか。その手腕がリーダーには試されるわけである。

岡田のような**有能なリーダーほど直感のパワーを熟知している**。過去のキャリアのなかで蓄積された膨大なゲームで起こった情報を直感によって瞬時に導き出し、絶妙なタイミングでその局面における最適な選手をフィールドに送り出す。岡田の手腕がセ・リーグのチームのどの監督よりすぐれていたから阪神は勝利できたのだ。

このことに関連して、岡田はこうも語っている。「勝つための采配とは、勝つことの喜びを教える采配のことだ」（『プロ野球　構造改革論』）

勝ち組の組織の共通点は、その組織の最高責任者の論理ではなく、直感によって最重要の決断が下されているという事実である。リーダーなら普段から何ごとにおいても直感によって決断する習慣を身につけていなければならない。

理由がわかれば、それは論理が働いている証拠。その決断は、たいてい使いものにならない。「理由はわからないけど、なんとなく、この決断が正しいような気がする」。これこそが直感が働いている証拠なのである。

「なんとなく正しい気がする」という感覚を大事にしよう

65

なぜ、「魅力あるチーム」を目指すのか？

毎年毎年、勝つに越したことはないが、それは至難の業だ。
それなら今年はたとえ勝てなくても、
次の年につながる期待を持たせるチームであってもいいと思う。
私はよく、「魅力のあるチーム」という言葉を使っていた。
「魅力のあるチーム」とは、
「魅力のある選手が、たくさんいるチーム」である。

（『そら、そうよ』）

――「魅力あるチーム」について語った言葉

岡田のような**一流のリーダーは目の前のゲームを勝利に導くための采配を振るうだけでなく、徹底した未来思考を貫く。**

チームの総責任者である監督にとってリーグ優勝は最重要の至上命令である。しかし、それだけでは一流の監督とは呼べない。なぜなら、意識を「今シーズン」だけに置くだけでは、そのチームは成長できないからだ。

意識を未来に置きながら「成長」「進化」というキーワードを頭のなかにたたき込み、未来のチーム像を描きながら采配を振るうことがリーダーには求められるのだ。この言葉に続けて、岡田はこう語っている。

「優勝することが難しいシーズンであれば、これからお客さんが見に来たくなるような選手をつくる時間に充ててもいい。完成された選手ではなく、1~2年後に期待できそうな選手を育てる。（中略）鳴《なる》尾《お》浜《はま》（引用者注＝二軍の本拠地）で応援してきた選手が甲子園で活躍すれば、ファンにとってもよろこびはひとしおに違いない」（同右）

この言葉からも、**岡田の意識は「未来の成長」というテーマに絞り込まれている**ことがよくわかる。目先の勝利だけでなく、将来を見据えて若いメンバーを育てることに尽力できるのが、岡田のような一流のリーダーの共通点なのである。

「未来の成長」というテーマで成果を上げよう

66

なぜ、つねに「最悪」を想定するのか？

ベンチが手を打つべきは、うまくいかなかったときだ。二死満塁。心の中では、「打たんでええよ」と思うようにする。無死満塁なら、「何点入るやろか」と思っていて、1点も入らなかったら、「うわあ、どないしよう」となる。だから、打たなくてもいいよと思って、その場合の対策だけを考えておくのが最善なのだ。

（『金本・阪神 猛虎復活の処方箋』）

――絶好のチャンスの際の考え方について語った言葉

書店に行くとポジティブ思考礼賛の書籍がズラッと並んでいる。マスメディアもこぞって「ポジティブ思考こそが私たちに成功をもたらしてくれる」という情報をこれでもかというほど発信している。しかし、本当にそうだろうか。

たしかに、よくないことが起こったとき、簡単にがっかりしてモチベーションを落とすようでは、この競争社会に生き残っていけないのは事実である。しかし、あまりいいことを期待しすぎると、よくないことが起こったときの反動によって心の動揺が大きくなる。これを岡田はいやがるのだ。この言葉に続けて、岡田はこう語っている。

「絶対にマイナスから入る。それはマイナス思考ではない。マイナスを考えて弱気になるのではない。逃げを打つのとも違う。マイナスに備える思考法だ。（中略）慌てたところを見せないためにも、指揮官はマイナス思考から入るのだ」（同右）

真実はこうだ。**未来に対しては最悪の状況を想定しながら、そうならないために準備万端整える。**それだけでなく、**いい結果が得られると自分に精いっぱい期待し、持てる力を目いっぱい発揮することに努める。**これが正解なのだ。

もちろん運悪く最悪の状況に陥ったら、「これも想定内！」とつぶやいてモチベーションを落とさずに打開策を立案し、新たなチャレンジをしかけることはいうまでもない。

「ポジティブ思考」の正体を知っておこう

67

なぜ、選手に「危機感」を植えつけたのか？

オレ自身、この先、いつまで監督を続けるか、
それは自分でもまったく分からない。
言えるのは、そうは長くはないやろな
…ってことくらいなのだが、
その間の責務は分かっているつもりだ。（中略）
ファンの期待に応えるチームに、
タイガースは歩みを止めません。

（『幸せな虎、そらそうよ』）

――これからの監督としての責務について語った言葉

日本一を決めたあと、岡田は2024年シーズンのコーチ陣を決定した。全員留任。そして、新たに上本博紀《うえもとひろき》（二軍野手コーチ）と渡辺亮《わたなべりょう》（二軍投手コーチ）の二人が加わった。シリーズ直前のドラフトでは岡田の思い描いたとおりの補強を実現。FA（フリー・エージェント）による**補強にも岡田はまったく興味を示すこともなく、現存の戦力を高めることを最優先した。**このことについて、岡田はこう語っている。

「若いチームのその下に、さらなる若さのある候補者が構えている。そんな何層にも連なる戦力を築き上げること。これこそが、長い黄金期を続けるための最善手と、オレは確信している」（同右）

岡田阪神の成功のひとつは選手たちに「危機感」を植えつけたことにある。たとえば木浪が飛躍できたのは小幡というライバルがいたからだ。

あるいは佐藤輝にしても「不振が続けば、すぐに二軍に落とされる」という危機感が彼を本気にさせたと私は考えている。何ごとにも「トレードオフ（両立できない関係性）」が存在するのだ。「楽な仕事で高い給料を得たい」。こんな都合のいいことはこの世の中に存在しない。**選手に危機感をしっかり植えつけ、みずから奮い立たせるしくみづくりを構築した**岡田の絶妙な采配こそ阪神の日本一の大きな要因である。

メンバーに精いっぱい危機感を植えつけよう

68

なぜ、「優勝」を「アレ」と言ったのか?

２０２３年シーズンは「アレ」がファンの間にも浸透。
オレ自身、ますます言えなくなっていただけに、
リーグ優勝した日、ようやく「優勝」と言葉にできたのが、
ホンマ、気持ちよかった。

(『幸せな虎、そらそうよ』)

――「アレ」を実現した喜びについて語った言葉

岡田が優勝を「アレ」と決めたのは2010年のオリックス監督時代のことである。しかし、じつはそれ以前に優勝を「アレ」と使う原因があったという。それは2008年のことである。

このシーズン半ばで阪神は独走態勢に入る。あるコーチが番記者に向けて「優勝間違いなし」というコメントを発したため、岡田は危機感を持った。

事実、終盤に巨人の猛追を受け、阪神は優勝を逃す。結局、岡田はそのシーズン後に監督を退くことになる。その**苦い体験があったから「優勝」という言葉を封印したのだ。**

チームの成果は、そのチームに所属するメンバー全員の温度によって大きく左右されると私は考えている。チームの温度を高めるだけでモチベーションが上がり、メンバーのパフォーマンスは高まる。

健全な危機感こそチーム全員が共有すべきものである。優勝を確定するまで健全な危機感を共有することにより、チームが連勝しようが、大勝しようが、浮かれることなく、メンバーはベストを尽くせるのだ。

ちょっとした油断が、ときには予想外の危機的状況に陥ることがあることを自覚し、メンバーに健全な危機感をあおり続けるのが、リーダーにとっての重要な任務である。

健全な危機感をメンバーに植えつけよう

69

なぜ、「プラス思考」を排除したのか？

私は、本来、常に最悪のケースを想定している。
言わばマイナスからのスタートを考えているわけだ。
指揮官はプラス思考ではいけないとも考えている。

（『頑固力』）

――「プラス思考」の危うさについて語った言葉

カナダのケープ・ブレストン大学の心理学者スチュワート・マッカン博士は1921年から1961年までの歴代のアメリカ大統領の分析を行い、歴史家196名からのアンケートをもとに、それぞれの大統領の功績を得点化した。同時に博士は彼らが置かれた状況の「危機」についても調査した。

その結果、社会的、経済的、政治的な脅威が高まっていて、いわゆる「危機的状況」で就任した大統領ほど「偉大である」という評価を受けやすくなることを見いだした。

つまり、政治家にとっては**危機的状況に置かれるほど持てる力を発揮しようという起爆剤になるのだ。**このことに関して、2004年から5年間にわたって務めた第1次政権時代のことを振り返りながら、岡田はこうも語っている。「監督になった時、私は改めて暗黒時代のことを思い起こしていた。チームというのは一朝一夕で強くなれるものではない。伝統と歴史があり、栄光と挫折がある。その繰り返しの中に、フロントにとっても、現場にとっても、反面教師があり、収穫があり、それが未来につながっていく。負の歴史があったからこそ、学ぶものがあり強者への道が開けた」（同右）

危機的状況とは「ピンチ」ではなく、むしろチャンスであることを岡田は知っているから、一流のリーダーなのである。

「ピンチ」はむしろ「チャンス」であると考えよう

70

なぜ、「見る」ことを重視したのか？

人はよく「仰木マジック」と呼んだが、
日替わりで組む打線にしても、
選手の状態、相手投手との相性をすべて自分なりに把握し、
選手の動きをすべて見て決めていた。
何も言葉に出さなくてもいい。
〝見る〟ということの重要性。
仰木さんに教えられたことは、
後に自分の監督としての基本になった。

（『頑固力』）

――名将仰木彬監督から学んだことについて語った言葉

岡田はオリックスで現役（1994～1995）と二軍の助監督兼打撃コーチ（1996～1997）をそれぞれ2年間務めている。そのときの一軍の監督は仰木であった。

もちろん指導者への道を開いてくれたのが仰木だったこともあるが、**岡田は仰木の選手の観察眼の鋭さに感銘を受けたという。**

たとえば仰木はイチローの振り子打法を矯正するのではなく、それを彼の個性として尊重した。もし仰木が監督でなかったら、イチローの、あの独特のスイングを矯正しただろうし、結果、彼があれほど日本プロ野球やメジャーリーグとして活躍できたかどうかはわからない。しかし、岡田が仰木から「選手を観察して、その個性を伸ばすこと」の大切さを学んだことは間違いない事実である。

アメリカ・コロンビア大学の心理学者ロイ・チュア博士は銀行業、IT企業、コンサルタント業などの職種から101名のマネージャーを集め、部下に好かれるマネージャーの共通点を探った。その結果、「部下に好かれるマネージャーは気くばり能力があって観察眼のある人間である」という事実が判明した。

普段からメンバーを注意深く観察して彼らの個性を伸ばすことに注力できるのが、仰木や岡田のような一流のリーダーなのである。

メンバーの個性を伸ばすことに務めよう

71

なぜ、つねに選手を「観察」したのか?

いろいろと目指すべき
チームスタイルがあった。
オレは野球の原点、
「守りの野球」を
これまでと同じように掲げた。

（「週刊ベースボールONLINE」2023年9月22日）

――監督に就任したあとに開幕までのキャンプについて語った言葉

岡田の座右の銘は「貫」である。信念を貫くことは簡単なようで、とても難しい。秋季キャンプの大きな目標は「若い選手に一軍で通用するだけの力をつけさせること」と岡田は断言する。とくに弱点を補うより徹底して長所を伸ばすことに注力するのだ。

右の言葉に続けて、岡田はこう語っている。

「オレは『見る』ことに終始した。そこに新たな発見がある。先入観を取り払い、純粋に力量や将来性を見ることでジャッジした。力がある若手が多かった。思っていた以上に足が速いとか、肩が強いとか。新たな発見とはそういう部分であり、それが適材適所の配置につながったと振り返ることができる」（同右）

岡田のような一流のリーダーの「観察力」は半端ではない。一方、彼らはメンバーの成果には案外、無頓着である。つねにメンバーの行動に意識を集中させている。選手が練習をしているときに、みずから球場に赴いて監督やコーチが見るだけで練習は引き締まる。

選手にとっていちばんつらいことは、「今日は最高のプレーができた」と思ったときに監督やコーチにアドバイスを求めに行ったら、「ごめん。そのプレーを見ていなかった」と言われることである。**「選手を観察する行為」は、なんのアドバイスをしなくても、とても効果的な指導であること**を岡田は知っている。

メンバーを観察することの大切さを自覚しよう

72

なぜ、「察知力」を発揮できたのか？

私が監督なら大谷は打者として育てる。
投手と野手のどちらかならば、
1週間に1回だけ試合に出る投手より、
毎日試合に出る野手のほうが、
ファンにとっては魅力的なのではないだろうか。

（『そら、そうよ』）

——2013年当時の大谷翔平選手について語った言葉

この言葉は2013年シーズンの大谷翔平について、当時、岡田が語った言葉である。これまでの成績を振り返ってみると、大谷は打者と投手の両部門で文句のない、すばらしい成果を上げているが、岡田の大谷に対する予測はまさに的を射た指摘である。

岡田のような**一流のリーダーの共通点は「察知力が飛び切りすぐれている」という事実である。**「察知力」とは、わかりやすく表現すると、「ほかの人が気づかないような小さな変化を見逃さない能力」となるだろう。

このことに関して、岡田はこうも語っている。

「野球はちゃんと見る。いい加減には見ない。局面、局面、オレならどうする？　どう攻める？　どう守る？」（「週刊ベースボール 阪神タイガース優勝記念号」2023年10月26日号増刊）

たとえば試合のなかには必ず勝敗を分ける重要な局面が必ず数度訪れる。そのとき、監督であるリーダーの察知力が試されるのだ。「バッターボックスに立った打者にバントをさせるか、それともヒット・エンド・ランを敢行するか」。すべては監督の察知力によって、その決断はなされるのだ。

過去のデータに縛られることなく、目の前の状況を瞬時に察知して的確な決断を下す。これも岡田のような一流のリーダーが保持している大切なスキルなのである。

「察知力」をなおいっそう鍛えよう

73

なぜ、「わずかな違い」を見逃さないのか？

まだ完成されたチームじゃないからな。
メンバー、ポジション、打順も変えて、チームは若くなった。
勝つために、こういうことをやらなあかんとか、
やっと野球が分かってきたんちゃうか。

（「Number」2023年10月19日臨時増刊号）

――2023年シーズンを終えたあとにチームの進歩について語った言葉

シーズンを通して岡田の脳内には無数の采配の具体策が渦巻いているはずだ。そのなかから与えられた局面で最適な采配の具体策を決断して実行するのだ。

察知力に関して、岡田のような一流のリーダーは以下のような能力に長けていると私は考えている。

①メンバーの心のなかを、彼らの態度、しぐさ、表情によって見通せる
②成果が上がらないメンバーの問題点を的確に指摘できる
③メンバーの資質を総合的に判断して適材適所の配置を実現できる

これをわかりやすく教えてくれるエピソードが名探偵シャーロック・ホームズの小説に見いだせる。相棒のジョン・H・ワトソン博士から「君は僕たちの見えないものが見えるそうだね」と言われたホームズは、こう答える。「いや、みんな同じものを見ているんです。でも、みなさんが気づかないだけなんですよ」

もっといえば、「采配能力」が高い、すぐれたリーダーには「察知力」という神秘的な能力が備わっているのだ。

普段から感性を研ぎ澄ましてメンバーのかすかな違いを敏感に察知する。これこそが岡田のようなリーダーが保持している、すぐれた資質なのである。

感性を研ぎ澄まして誰も気づかないものを発見しよう

A.R.E.

PART
8
岡田流・
人を思いどおりに
動かす
「リーダーシップ力」

74

なぜ、本人が気づかない点に気づけたのか？

もっと待ってから勝負してもいいんやないか、と勧めた。（中略）
簡単に追い込まれても、慌てない。
動じることなくボールを見極め、
いつの間にか近本ペースになっている。
これこそが一番打者の理想的なスタイル。
確実に「近本スタイル」を築いたのよね。

（『幸せな虎、そらそうよ』）

——チームの優勝に貢献した近本光司のすごさについて語った言葉

岡田阪神にとって、近本は不動の一番打者である。2023年シーズン、彼は129試合に出場し、打率・285、8本塁打、54打点の成績を残した。しかもオリックスとの日本シリーズでは29打数14安打、打率・483という驚異的な成績でMVPに選出され、38年ぶりの日本一に貢献した。

監督に就任するやいなや、岡田は自分が評論家時代にネット裏から見ていて感じたことを素直に近本に伝えたという。それは「あまりに早打ちが目立ったから、もっと待ってから勝負してもいいのではないか」というアドバイスだった。実際、近本の四球数は2019年から2022年までの過去4年間の平均が34だったのに比べ、2023年シーズンは67と2倍近くに増やせたのは、岡田のこのアドバイスがあったからだ。

本人が気づかないことを指摘するのがリーダーにとっての大切な任務。あなたは「コーチ」というスポーツ界で使い古された言葉を知っているだろう。この言葉の語源は「馬車」である。もちろんリーダーが御者であることはいうまでもない。それではメンバーはなんだろう。メンバーは馬ではない。「馬車に乗るお客さん」である。

リーダーなら、お客さんであるメンバーが行きたいところに連れていくのが責務であることを、決して忘れてはならない。

「コーチ」の語源を知っておこう

75

なぜ、「0勝143敗」から考えるのか？

わたしは0勝143敗からのスタートと考えるようにしている。
0勝からどこまで勝利を積み上げられるか。
それくらいの気持ちでスタートしたほうがいい。
マイナスから入る。
勝負事はそれくらいでいい。

（『金本・阪神　猛虎復活の処方箋』）

――ネガティブ思考について語った言葉

巷《ちまた》にはポジティブ思考の礼賛で満ちあふれている。しかし、果たしてリーダーのポジティブ思考が成功に結びつくのだろうか。

心理学の世界には「不安」や「恐怖」こそ、この世の中で成功を収めるための不可欠な要素というデータであふれている。アメリカ・イリノイ大学の心理学者ヤング・キム博士は283名の大学生に数学のテストをやらせた。そして、教師が「君の成績はよくなかった」とウソの「ネガティブ・フィードバック」を行ったところ、彼らは失った自尊心を取り戻そうとして、逆にやる気を高めて自分を奮い立たせたと報告している。

同時に博士は別のグループに「よくできたよ!」と偽りの「ポジティブ・フィードバック」をすると、彼らは挑戦する意欲を失ったとも結論づけている。

岡田にしても、**最悪の想定をしておけば、あとは階段を上るだけという意識を持てば、メンバーの気持ちが引き締まる**という思いがある。それだけでなく、不安を駆り立てればメンバーが奮起してくれることを岡田は知っている。人間という生き物は、ともすれば自分の欠点から目をそらす傾向があるが、それをほったらかしにしていては、とうていこの競争社会では生き残っていけない。自分の欠点をしっかり客観視して「ネガティブ・フィードバック」を目いっぱい活用することにより、私たちは着実に成長していける。

「ネガティブ・フィードバック」を目いっぱい活用しよう

76

なぜ、みずからマウンドに行かなかったのか？

私の持論の一つに、
監督はマウンドに行くべきではないとの考え方がある。
マウンドに行き、投手、もしくはバッテリーに
アドバイスを送るのは監督ではなく、
ピッチングコーチの仕事である。
〝任せる〟というキーワードが監督とコーチの信頼につながるのだ。

（『頑固力』）

――「任せる」ことの大切さについて語った言葉

リーダーとしての岡田のすぐれた資質はメンバーの役割分担を明確にし、それを一人ひとりのメンバーに周知徹底していること。ただし自分と選手との直接的なコンタクトを極力避け、自分の指示を明確にコーチに伝え、コーチが自分の口でそれを選手に伝える。**監督の意向を直接選手に伝えるシステムではコーチの居場所がなくなってしまう。**監督の意向を聞き、そこに自分の考えをつけ加えて選手に伝えるシステムを構築することによってコーチの存在が明確になり、チームはうまく機能することを岡田は熟知しているのだ。高橋克徳《たかはしかつのり》は『人が「つながる」マネジメント』（中経出版《ちゅうけい》）で、こう記している。

「組織の中に、お互いを支え合い、引っ張り合う『リレーションシップ』をつくる。リーダーシップの前に、リレーションシップという概念をもつことが、今の状況を変えていくカギになります」

高橋はチームの形態を3種類に分類している。個人主義、集団主義、間人主義《かんじん》である。間人主義とは「自分は他人との間でどういう関わりをもつのか、自分自身がどういう役割になったらいいのか、ということをたえず自分が考えながら動いていく存在」（同前）のことをいう。**「間人主義」の特性を活用してチームに所属する全員が「アレ」というミッションに向かって突き進んだ**から、2023年シーズンの阪神の日本一が実現したのだ。

「間人主義」を貫くリーダーの仲間入りしよう

77

なぜ、細かいサインを出さなかったのか？

私は、スクイズのサインは出さない。（中略）
「次のボールでスクイズをやらなければならない」
というプレッシャーはえげつないものだ。
正直、選手にそんな気持ちにさせたくない。

（『頑固力』）

――「スクイズ」へのこだわりについて語った言葉

この言葉からもわかるように、岡田のような**一流のリーダーほどメンバーへの指示を最小限にとどめるシステムを踏襲している。**それは、なぜか。なぜなら、こと細かにリーダーが指示を出すチームのメンバーは自分で考えることを放棄するからだ。この言葉に続けて、岡田はこうも語っている。

「実は、北陽《ほくよう》高校時代の松岡英孝《まつおかひでたか》監督が、スクイズを出さない監督だった。サインも、バント、盗塁、バントエンドラン、ヒットエンドランの4つしかない。確か片手で出すような簡単なサインだった。自分で考える。そういう野球スタイルが高校時代から身についていたことも影響している」（同右）

著名な心理学者ド・シャームは人間を二つに分類している。「指し手型人間」と「駒型人間」である。将棋をイメージしてほしい。「指し手型人間」は自分の行動を自分で決められる人間である。一方、「駒型人間」はリーダーの指示には忠実に従うが、自分で考えることが不足している人間である。

これからの時代のメンバーは「指し手型人間」でなければ立ち行かなくなる。もちろん「駒型人間」は真っ先にリストラの対象になりかねない。**メンバーを指し手型人間に仕立てるには指示を最小限にとどめ、自分で考える機会を目いっぱい与えることしかない。**

チーム内に「指し手型人間」を量産しよう

78

なぜ、「優勝」を確信できたのか？

オレは優勝できるとは言い切っていないけど、
その可能性は限りなくあると表現しているはず。（中略）
その自信がオレにはあったし、
それは必ず勝負の9月、10月に実を結ぶと確信していた。

（「週刊ベースボールONLINE」2023年9月22日）

——2023年シーズン前に予測したチームの躍進について語った言葉

岡田が、なぜ阪神を2023年シーズンにおける日本一のチームに仕立てたか。

これは、あくまでも私の考えであるが、それは**岡田が、ほかのどの球団の監督より「優勝する」という確信の度合いが強かった**からだ。その証拠に、岡田が口にする「アレ」は強烈に選手の心のなかに浸透し、その気にさせる効果があったのだ。

リーダーの思いは、それを頻繁に口にすればするほどメンバーに浸透する。そして、リーダーの確信はメンバーの確信としてチーム内の隅々まで浸透し、「アレ」を実現する後押しをしてくれるのだ。

「ハロー効果」はリーダーにとって知っておいていい心理法則である。これは心理学者エドワード・ソーンダイクが提唱した法則で、それが持つ顕著な特徴に引きずられて、ほかの特徴についての評価がゆがめられる現象のことをいう。

たとえば、ある分野の専門家が専門外のことについて語っても、それが説得力を持つということや、外見のいい人が信頼できると感じてしまうことなどがその好例である。

岡田が「アレ」をつぶやけばつぶやくほどハロー効果が働き、選手の心のなかで「優勝できる!」という確信が着実に育っていったはず。これが2023年シーズンの阪神を日本一に導いた大きな要素であることは論をまたない。

「ハロー効果」の絶大な威力を活用しよう

79

なぜ、「一年を通した戦い」ができたのか？

4月よりも5月、6月と、徐々に強くなればいいと。
まだ若いチームなんで、
試合を積み重ねていくほどに
戦力アップできると思うんです。
それが自信となってくれれば、
面白い戦いができると思います。

（「週刊プレイボーイ」2023年4月24日号）

――2023年シーズン前に予測したチームの躍進について語った言葉

リーダーは「メタ認知力」を持とう

岡田ほど**「大局観」を持ってチームを率いるリーダー**を見いだすことは、とても難しい。

リーダーにとって「メタ認知力」は必須の要素である。専門的にはメタ認知とはアメリカの心理学者ジョン・H・フラベル博士が定義した心理学用語であり、「自分の認知活動を客観的に捉え、広い視野で物事を捉える能力」と定義できる。

私は以下の三つの要素を兼ね備えた人間を「メタ認知力が高い人間」と定義している。

①いつでも冷静な対応ができる
どんな状況に陥っても自分の感情を制御できるため、いつでも冷静に対応ができる。

②すべてのメンバーへの配慮ができる
自分と周囲の人間との適切な距離を、つねに判断することができるため、仕事上でも円滑な人間関係を形成しながら業務を進めることができる。

③柔軟性がある
万が一、仕事上で行きづまっても、再発防止のための対策を周到に立案し、同時にリスク回避能力も高いため、着実に成果を上げることができる。

これはビジネスにも応用できる。**一年単位で大局観を持って指揮を執る**ことこそ一流のリーダーの共通点なのである。

80

なぜ、選手と直接話さなかったのか？

そんなん、選手とは、そらしゃべらん、しゃべらん。
グラウンドでは、ほとんどしゃべらないよ。
選手との距離は置いてるよ。
そういうスタンスは変わらない

（「Number Web」2023年5月1日）

――「全然、選手と絡まないですね」という記者の質問に対して語った言葉

岡田が選手と直接コミュニケーションを取ることはあまりない。その理由はいくつかあるが、そのひとつは「平等の精神」を貫くためである。

このことについて、岡田はこうも語っている。

「18、19歳のヤツでも、結構、監督の動きを見てるんよな。『また、アイツ、バッティング、教えてもらってる』とな。だから、グラウンドで言わないのよ」(同右)

もうひとつ、岡田が選手と積極的にコミュニケーションを取らない理由は、間接的に選手をほめれば、より効果的であるという心理法則を熟知しているからだ。彼は、かつての野村克也や星野仙一と同じように、メディアを通して選手に自分の意図を伝える手法をとることがめずらしくない。

たとえば2022年11月の安芸《あき》キャンプ最終日。梅野は岡田の構想をスマートフォンのネットニュースで知った。そこには「正捕手は梅野」という見出しが躍っていた。それを見た梅野は狂喜したという。

カナダのカルガリー大学のデビッド・ジョーンズ博士は、これを「漏れ聞き効果」と名づけている。**当事者ではなく、まったく関係のない第三者が語ったほうが説得効果は高くなるのだ。**「漏れ聞き効果」はリーダーにとって覚えておいていい心理法則である。

「漏れ聞き効果」の絶大なパワーを活用しよう

岡田彰布　年表

1957年（0歳）	大阪市中央区玉造に生まれる
1973年（15歳）	北陽高校（現・関西大学北陽高校）野球部入部
1976年（18歳）	早稲田大学野球部入部
1977年（29歳）	この年の秋から三塁手として5季連続ベスト9
1978年（20歳）	秋季リーグ戦優勝、三冠王
1979年（21歳）	主将として春季リーグ戦優勝
1980年（22歳）	阪神タイガースに入団し、新人王
1985年（27歳）	阪神タイガース、リーグ優勝と日本一を達成
1993年（35歳）	戦力外通告。オフに阪神タイガースを退団
1995年（37歳）	オリックス・ブルーウェーブで、代打の切り札としてリーグ優勝。現役引退
1996年（38歳）	オリックス・ブルーウェーブ二軍助監督兼打撃コーチ
1998年（40歳）	阪神タイガース二軍助監督兼打撃コーチ
1999年（41歳）	阪神タイガース二軍監督兼打撃コーチ
2000年（42歳）	阪神タイガース二軍監督
2003年（45歳）	阪神タイガース一軍内野守備走塁コーチとしてリーグ優勝
2004年（46歳）	阪神タイガース監督
2005年（47歳）	鳥谷敬選手と共にリーグ優勝
2008年（50歳）	V逸の責任をとって阪神タイガース監督を勇退
2010年（52歳）	2012年シーズンまでオリックス・バファローズ監督
2022年（64歳）	10月、阪神タイガース監督に就任
2023年（66歳）	阪神タイガース、リーグ優勝と日本一を達成

出典:早稲田大学競技スポーツセンター「野球部OB 阪神・岡田彰布監督、セ・リーグ制覇 早大出身者18年ぶり」の年表に編集部が一部加筆 https://www.waseda.jp/inst/athletic/news/2023/09/15/37944/

岡田彰布　通算成績

年度別打撃成績

年度	球団	打率	試合	打数	得点	安打	二塁打	三塁打	本塁打	打点	盗塁	盗塁死	四球	敬遠	死球	三振	併殺打
1980	阪神	.290	108	376	44	109	19	0	18	54	4	2	23	6	3	45	6
1981		.289	130	485	70	140	23	3	20	76	1	0	28	3	5	43	13
1982		.300	129	466	57	140	22	1	14	69	10	5	44	12	4	30	13
1983		.289	79	246	44	71	9	0	18	44	7	3	36	5	1	23	3
1984		.297	115	323	38	96	14	2	15	51	3	1	33	4	3	41	13
1985		.342	127	459	80	157	24	3	35	101	7	3	64	3	3	41	11
1986		.268	129	474	67	127	21	0	26	70	11	3	70	5	3	57	14
1987		.255	130	474	54	121	24	3	14	58	5	2	40	2	2	75	12
1988		.267	127	454	65	121	22	1	23	72	10	5	63	6	2	75	16
1989		.280	130	492	66	138	20	1	24	76	8	3	57	3	1	81	15
1990		.265	130	486	75	129	27	0	20	75	7	2	74	5	7	87	12
1991		.240	108	383	45	92	11	0	15	50	1	3	40	3	2	68	9
1992		.189	70	185	9	35	11	0	2	19	1	0	22	1	2	48	3
1993		.170	42	53	2	9	1	0	1	7	0	0	9	1	0	24	0
1994	オリックス	.277	53	101	10	28	3	0	2	12	1	1	14	0	1	20	3
1995		.179	32	39	3	7	0	0	0	2	0	0	7	0	0	9	1
通算:16年		.277	1639	5496	729	1520	251	14	247	836	76	33	624	59	39	767	144

年度別監督成績

■レギュラーシーズン

年度	球団	順位	試合	勝利	敗戦	引分	勝率	ゲーム差	本塁打	打率	防御率	年齢
2004	阪神	4	138	66	70	2	.485	13.5	142	.273	4.08	47
2005		1	146	87	54	5	.617	-	140	.274	3.24	48
2006		2	146	84	58	4	.592	3.5	133	.267	3.13	49
2007		3	144	74	66	4	.529	4.5	111	.255	3.56	50
2008		2	144	82	59	3	.582	2.0	83	.268	3.29	51
2010	オリックス	5	144	69	71	4	.493	7.5	146	.271	3.97	53
2011		4	144	69	68	7	.504	20.5	76	.248	3.33	54
2012		6	144	57	77	10	.425	17.5	73	.241	3.34	55
2023	阪神	1	143	85	53	5	.616	-	84	.247	2.66	66
通算:9年			1284	666	574	44	.537	Aクラス5回、Bクラス4回				

アミカケは日本一。2012年は9月25日より休養(監督代行は森脇浩司)。欠場した9試合(7勝2敗)は監督成績に含まない

■ポストシーズン

年度	球団	大会名	対戦相手	勝敗
2005	阪神	日本シリーズ	ロッテ	0勝4敗=敗退
2007		セ・リーグ クライマックスシリーズ 1stステージ	中日(セ・リーグ2位)	0勝2敗=敗退
2008		セ・リーグ クライマックスシリーズ 1stステージ	中日(セ・リーグ3位)	1勝2敗=敗退
2023		セ・リーグ クライマックスシリーズ ファイナルステージ	広島(セ・リーグ2位)	3勝0敗=日本シリーズ出場
		日本シリーズ	オリックス	4勝3敗=日本一

表彰と記録

- 新人王(1980年)
- ベストナイン:1回(二塁手部門:1985年)
- ダイヤモンドグラブ賞:1回(二塁手部門:1985年)
- 正力松太郎賞:1回(2023年)
- 月間MVP:2回(1985年8月、野手部門:1989年6月)
- オールスターゲーム出場:8回(1980〜1982、1985、1986、1988〜1990年)
- オールスターゲームMVP:2回(1980年第1戦、1988年第2戦)
- セ・リーグ 特別表彰:2回(最優秀監督賞:2005、2023年)

参考文献

- 『幸せな虎、そらそうよ』岡田彰布（ベースボール・マガジン社）
- 『そら、そうよ 勝つ理由、負ける理由』岡田彰布（宝島社）
- 『頑固力 ブレないリーダー哲学』岡田彰布（角川SSC新書）
- 『金本・阪神 猛虎復活の処方箋』岡田彰布（宝島社新書）
- 『プロ野球 構造改革論』岡田彰布（宝島社新書）
- 『なぜ阪神はV字回復したのか？』岡田彰布（角川oneテーマ21）
- 『オリの中の虎 愛するタイガースへ最後に吼える』岡田彰布（ベースボール・マガジン社新書）
- 『動くが負け 0勝144敗から考える監督論』岡田彰布（幻冬舎新書）
- 『なぜあの人はリーダーシップがあるのか？
人望が集まる54の具体例』中谷彰宏（ダイヤモンド社）
- 『とにかく仕組み化 人の上に立ち続けるための思考法』安藤広大（ダイヤモンド社）
- 『リーダーのための『孫子の兵法』超入門』内藤誼人（水王舎）
- 『たった一言で部下を操る心理テクニック』内藤誼人（KKベストセラーズ）

＊そのほか、本文に引用されているものを除く

児玉光雄の主な著作リスト

- 『続々成果が！ 行動力が！ 世界の成功者たちがこっそり実践する
すごすぎる小さな習慣』（三笠書房）
- 『2ケタかけ算 99×99まで ぜんぶ5秒で暗算できる すごい計算術』（河出書房新社）
- 『「できない」を「できる」に変える大谷翔平の思考法』（アスコム）
- 『頭がよくなる！「両利き」のすすめ』（アスコム）
- 『ゴルファーの潜在能力を開花させる マインドセット革命』（実業之日本社）
- 『新庄剛志 楽しく夢をかなえる言葉「有言実行」で生きる80のヒント』（清談社Publico）
- 『大谷翔平 勇気をくれるメッセージ80』（三笠書房）
- 『好きと得意で夢をかなえる 大谷翔平から学ぶ成功メソッド』（河出書房新社）
- 『心が奮い立つ！ トップアスリート35人のメンタル術』（秀和システム）
- 『夢をつかむパワー！ 大谷翔平86のメッセージ』（三笠書房）
- 『ゴルフ メンタル強化メソッド ゴルフは「書くだけ」で劇的にうまくなる！』（実業之日本社）

岡田彰布《おかだあきのぶ》 眠《ねむ》れる力《ちから》を引《ひ》き出《だ》す言葉《ことば》

「初心貫徹《しょしんかんてつ》」で生《い》きる80のヒント

2024年3月25日　第1刷発行

著　者　児玉光雄《こだまみつお》

ブックデザイン　小口翔平＋後藤司（tobufune）
本文DTP　江尻智行
本文図表デザイン　サカヨリトモヒコ

発行人　畑 祐介
発行所　株式会社 清談社Publico
〒102-0073
東京都千代田区九段北1-2-2 グランドメゾン九段803
TEL：03-6265-6185　FAX：03-6265-6186

印刷所　中央精版印刷株式会社

ISBN 978-4-909979-57-5 C0075

清談社
Publico

https://seidansha.com/publico
X @seidansha_p
Facebook https://www.facebook.com/seidansha.publico

清談社
Publico

児玉光雄の好評既刊

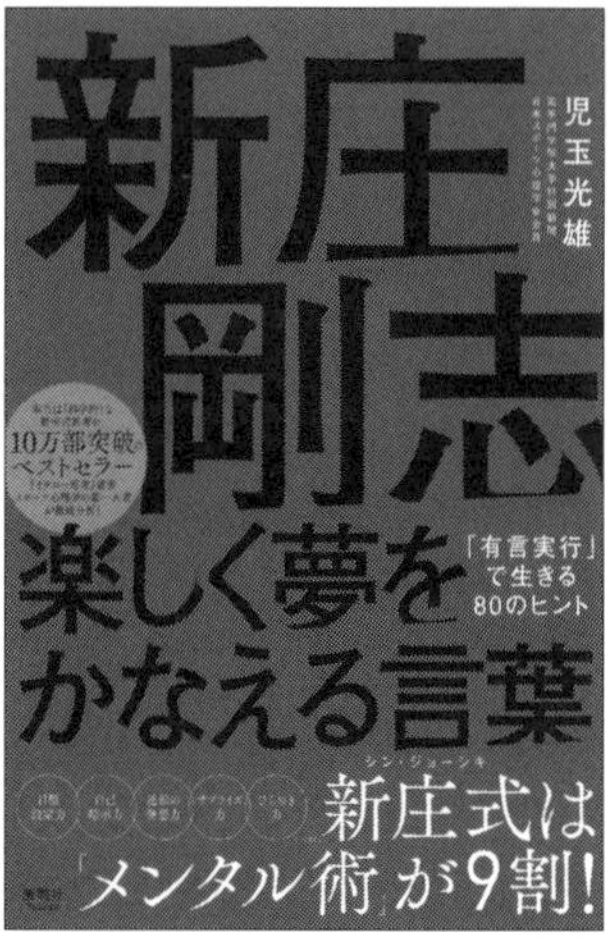

新庄剛志
楽しく夢をかなえる言葉

「有言実行」で生きる80のヒント

新庄式は「メンタル術」が9割。本当は「科学的」な成功法則を、10万部突破のベストセラー『イチロー思考』著者で、スポーツ心理学の第一人者が徹底分析。なぜ、「新庄劇場」は人の心を魅きつけるのかを心理学で実証。

ISBN978-4-909979-27-8　定価：本体 1400 円+税